우리나라 기업들은 1960년대 이후 현재까지 비약적인 발전을 이루었다. 이렇게 급속한 성장을 이룰 수 있었던 배경에는 우리나라 국민들의 근면성 및 도전정신이 있었다. 그러나 빠르게 변화하는 세계 경제의 환경에 적응하기 위해서는 근면성과 도전정신 이외에 또 다른 성장 요인이 필요하다.

최근 많은 공사·공단에서는 기존의 직무 관련성에 대한 고려 없이 인·적성, 지식 중심으로 치러지던 필기전형을 탈피하고, 산업현장에서 직무를 수행하기 위해 요구되는 능력을 산업부분별·수준별로 체계화 및 표준화한 NCS를 기반으로 하여 채용공고 단계에서 제시되는 '직무 설명자료'에서 제시되는 직업기초능력과 직무수행능력을 측정하기 위한 직업기초능력평가, 직무수행능력평가 등을 도입하고 있다.

인천교통공사에서도 업무에 필요한 역량 및 책임감과 적응력 등을 구비한 인재를 선발하기 위하여 고유의 직업기초능력평가를 치르고 있다. 본서는 인천교통공사 채용대비를 위한 필독서로 인천교통공사 직업기초능력평가의 출제경향을 철저히 분석하여 응시자들이 보다 쉽게 시험유형을 파악하고 효율적으로 대비할 수 있도록 구성하였다.

신념을 가지고 도전하는 사람은 반드시 그 꿈을 이룰 수 있습니다. 처음에 품은 신념과 열정이 취업 성공의 그 날까지 빛바래지 않도록 서원각이 수험생 여러분을 응원합니다.

STRUCTURE

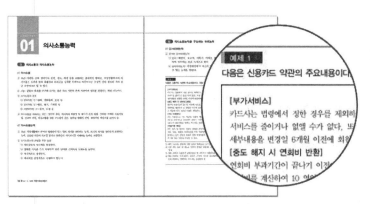

핵심이론정리

NCS 기반 직업기초능력평가에 대해 핵심적으로 알아야 할 이론을 체계적으로 정리하여 단기간에 학습할 수 있도록 하였습니다.

출제예상문제

적중률 높은 영역별 출제예상문제를 상세하고 꼼꼼한 해설과 함께 수록하여 학습 효율을 확실하게 높였습니다.

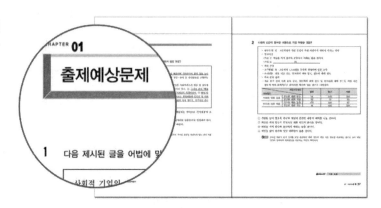

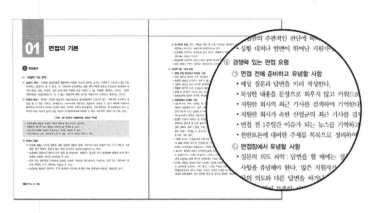

면접

성공 취업을 위한 면접의 기본 및 면접기출을 수록하여 취업의 마무리까지 깔끔하게 책임집니다.

CONTENTS

NCS

인천교통공사

콜택시관리원(운전, 운전–강화), 승강대관리원, 시설관리원(경비, 청소 A/B형)

NCS 인천교통공사

업무직 콜택시관리원, 승강대관리원, 시설관리원

초판 인쇄 2022년 4월 11일
초판 발행 2022년 4월 13일

편 저 자 | 취업적성연구소
발 행 처 | ㈜서원각
등록번호 | 1999-1A-107호
주   소 | 경기도 고양시 일산서구 덕산로 88-45(가좌동)
교재주문 | 031-923-2051
팩   스 | 031-923-3815
교재문의 | 카카오톡 플러스 친구[서원각]
영상문의 | 070-4233-2505
홈페이지 | www.goseowon.com
책임편집 | 정유진
디 자 인 | 이규희

PART 01

기업소개 및 채용안내

CHAPTER 01 기업소개

(1) 인천교통공사 소개

지인천교통공사는 연평균 1억 2천만명의 시민들이 이용하는 전국 최초의 종합교통공기업으로 인천 도시철도 1호선·2호선·7호선(인천·부천구간)을 비롯하여 준공영제 시내버스, 청라~가양 BRT와 청라 GRT 그리고 장애인 콜택시, 월미바다열차 등을 운영하고 있습니다. '시민 안전'을 경영 최우선 가치로 삼아, 시민에게 신뢰받는 교통서비스를 제공하고자 노력하고 있다.

(2) 개요

① 설립목적 … 도시철도와 자동차 등 교통관련 시설의 건설과 운영을 통하여 시민 편익 향상과 도시교통 발전에 기여하는 것을 목적으로 하고 있다.

② 설립근거 … 지방공기업법 제49조, 인천교통공사 설립 및 운영에 관한 조례(조례 제5565호, 2015.09.30)

③ 설립일 … 1998년 4월 15일

(3) 비전 및 경영목표

| MISSION | 최고의 교통서비스 제공으로 시민행복 추구 | VISION | 행복하고 안전한 세상, 함께하는 인천교통공사 |
| 2025 중장기 경영목표 | 미래 선도 국가 대표 종합교통공기업 도약 | 2022년 경영목표 | 지속 성장 사업 창출과 성과 중심 책임 경영 |

(4) 경영전략 및 전략과제

4대 경영전략	12대 전략과제
안전 우선 경영	• 안전경영시스템 고도화 • 노후 전동차 및 시설 · 설비 개선 • 스마트 안전인프라 확충
고객 행복 경영	• 고객서비스 품질 향상 • 고객만족 열린 환경 조성 • 쾌적하고 편리한 이용환경 조성
지속 성장 경영	• 영업수익 증대 • 조직역량 강화 • 경영효율 달성
동반 상생 경영	• 소통과 공감의 조직문화 구축 • 참여와 협력의 노사관계 발전 • 지방공기업 사회적 책임 이행

(5) CI와 캐릭터

① CI : 수도권 대중교통망의 주역으로서 인천교통공사의 신속성과 정시성을 상징하는 역동적인 비정형의 모티브에 무한한 가능성과 영속성을 나타내는 원의 이미지를 그라데이션을 통해 표현하였으며 각각의 도형이 갖는 방향성은 인천교통공사가 지향하는 고객중심 / 역세권 도시개발의 의지 / 글로벌 미래로의 이정표를 의미한다.

정책성의 재확립 대내외 커뮤니케이션의 핵심가치

GREEN COLOR   21세기 친환경 녹색동력과 건강하고 투명한 기업

ORANGE COLOR   활기차고 혁신적인 도약

BLUE COLOR   신뢰감을 바탕으로 한 미래지향적 이미지

② 캐릭터 : 인천의 대표 이니셜 아이(I)와 한자 길 로(路)를 조합하여, 인천 제 1의 대중교통으로서 고객과 함께 가는 길, 고객과 함께 인천교통공사를 상징하는 아이로는 인천1호선 전동차를 모티브로 인천교통공사의 CI 컬러를 적용한 밝고 친근한 어린아이의 모습을 통해 BLUE 고객지향 / ORANGE 안전 / GREEN 환경의 의미를 시각화 하였다.

ORANGE 안전   BLUE 고객지향   GREEN 환경   육상교통

채용안내

(1) 채용분야 및 인원

채용분야		인원(명)	고용형태	업무내용
콜택시 관리원	(운전)	46	무기계약직	장애인콜택시 운전
	(운전)강화	1		
승강대관리원		3	무기계약직	버스승강대 및 택시승차대 관리
시설 관리원	경비	1	기간제계약직	인천종합터미널 경비
	(청소)A형	9	무기계약직	시설물, 역사 및 전동차, 버스 차고지 내·외부 청소 등
	(청소)B형	8	무기계약직	

(2) 응시자격

① 거주지 제한

채용분야	자격 요건
콜택시관리원(운전)강화	공고일 전 인천광역시 강화군에 주민등록이 되어 있는 자 ※ 강화도 근무가 가능한 자 ※ 임용일로부터 5년간 타 지역 근무지 이동 불가
그 외 분야	공고일 전 인천광역시에 주민등록이 되어 있는 자

② 응시연령 : 18세 이상(2004.12.31. 이전 출생자) 공사정년(60세) 범위 내

③ 학력·성별 : 제한없음

④ 병역 : 남자의 경우 병역필 또는 면제자
   ※ 현역복무 중인 자는 단계별 전형절차에 응시가 가능하여야 하며, 최종합격자 발표일 전일까지 전역 가능하여야 함

⑤ 세부자격기준 : 접수마감일 기준 적용, 필기시험 시 증빙서류 제출

채용분야	자격 요건
콜택시관리원 (운전), (운전)강화	다음 각 호의 어느 하나에 해당하는 자 1. 사회복지분야 또는 교통약자 관련 단체 또는 시설에서 2년 이상 교통약자 운송차량을 운전한 경력이 있는 자 2.「교통약자의 이동편의 증진법」제2조 제8호에 따른 특별교통수단에 해당하는 차량을 1년 이상 운전한 경력이 있는 자 　※ "특별교통수단"이라 함은 이동에 심한 불편을 느끼는 교통약자의 이동을 지원하기 위하여 휠체어 탑승설비 등을 장착한 차량을 말함 3. 다음 각 호의 자격요건을 모두 충족하는 자 　– 1종 보통면허 이상 소지자 　– 만20세 이상으로 택시운전경력이 1년 이상인 자 또는 운전경력이 2년 이상인자 　– 운전적성에 대한 정밀검사기준에 적합한 자 　– 인천택시운전자격증을 취득한 자
승강대관리원	자동차 1종 보통면허 이상 소지자
시설관리원(경비)	제한없음
시설관리원 (청소)A형	다음 각 호의 어느 하나에 해당하는 자 1. 취업지원대상자　2. 다문화가족　3. 기초생활수급자 4. 한부모가족　　5. 북한이탈주민
시설관리원 (청소)B형	제한없음

※ 국가기술 자격증 중 폐지된 자격증으로서 국가기술자격법령 등에 의하여 그 자격이 계속 인정되는 자격증(통폐합 포함)은 인정됨

⑥ 주·야간 교대근무 및 휴일근로 가능자 : 업무상 추가근로(시간외근무, 야간근무, 휴일근무)에 동의하는 자
　※ 근로계약서 작성 시 동의자에 한해 임용 가능.

⑦ 인천교통공사 업무직 직원 채용 및 관리규정에 해당하는 결격사유가 없는 자(면접시험 최종일 기준)

⑧ 채용신체검사(또는 배치전 건강진단) 시 지원분야 업무수행이 불가한 사유가 없는 자
　㉠ 국민건강검진결과서(국민건강보험공단발급)로 제출 가능
　㉡ 국민건강검진결과서가 발납 불가 사유일 경우 일반채용신체검사서로 제출하며, 이 경우 비용은 공사가 부담(건강검진기관에서 발급)
　㉢ 임용시 제출하며, 임용연도 포함 2년이내 검진결과서 이어야 함
　㉣ 배치전건강진단은 공사임용 후 근무지(또는 직종)에 따라 실시 예정

(3) 전형절차 및 일정

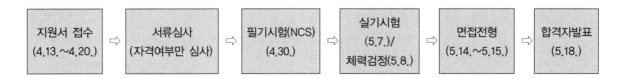

지원서 접수 (4.13.~4.20.) ⇨ 서류심사 (자격여부만 심사) ⇨ 필기시험(NCS) (4.30.) ⇨ 실기시험 (5.7.)/ 체력검정(5.8.) ⇨ 면접전형 (5.14.~5.15.) ⇨ 합격자발표 (5.18.)

(4) 필기시험

① 시험과목 : 직업기초능력평가(NCS)

채용분야		세부평가항목
콜택시 관리원	운전	의사소통능력, 문제해결능력, 정보능력, 대인관계능력
	운전강화	
승강대관리원		의사소통능력, 문제해결능력, 정보능력, 대인관계능력
시설 관리원	경비	의사소통능력, 문제해결능력, 정보능력, 대인관계능력
	청소A, B형	

② 합격인원 : 채용예정인원의 분야별 해당 배수

구분	콜택시관리원		승강대 관리원	시설관리원			시설관리원		
	(운전)	(운전) 강화		시설 (기계)	시설 (전기)	전동차 정비	경비	청소 A형	청소 B형
채용예정인원	46	1	3	1	2	1	1	9	8
합격인원	2배수	5배수	5배수	5배수	5배수	5배수	5배수	4배수	4배수

③ 합격자 결정방법

   ㉠ 필기시험점수의 고득점자 순으로, 분야별 합격인원 선정

   ㉡ 필기시험 과락기준을 적용하여 평균 40점미만 불합격 처리

   ㉢ 선정인원 최하위 동점자의 경우 모두 합격 처리

   ㉣ 미 응시자, 부정응시자 등으로 인해 합격자가 채용 예정인원의 분야별 합격자 선정 배수 미만인 경우에도 합격자로만 다음전형 진행

(5) 면접시험

① 응시대상 : 필기/실기시험/체력검정 합격자(분야별 면접시험 전단계 합격자)

② 실시방법 : 외부 채용전문 기관 위탁

③ 시험방법 : 블라인드면접, 집단 대면 면접, 구조화된 면접(경험·상황, 구술면접)

　　※ 코로나19 확산 상황에 따라 시험방법은 변경될 수 있음(비대면 여부 등)

　　※ 면접시험 응시대상자에 따라 일정이 변경될 수 있으며, 자세한 사항은 면접시험 전 공고

④ 평정요소 : 총 100점 만점으로 평정

합계	공기업 직원의 덕목	일반·전문지식, 응용능력	창의성, 논리성, 발표력	사회성, 발전가능성, 리더십
100점	25점	25점	25점	25점

PART

02

NCS 직업기초능력평가

의사소통능력

01 의사소통과 의사소통능력

(1) 의사소통

① 개념 : 사람들 간에 생각이나 감정, 정보, 의견 등을 교환하는 총체적인 행위로, 직장생활에서의 의사소통은 조직과 팀의 효율성과 효과성을 성취할 목적으로 이루어지는 구성원 간의 정보와 지식 전달 과정이라고 할 수 있다.

② 기능 : 공동의 목표를 추구해 나가는 집단 내의 기본적 존재 기반이며 성과를 결정하는 핵심 기능이다.

③ 의사소통의 종류

　　㉠ 언어적인 것 : 대화, 전화통화, 토론 등

　　㉡ 문서적인 것 : 메모, 편지, 기획안 등

　　㉢ 비언어적인 것 : 몸짓, 표정 등

④ 의사소통을 저해하는 요인 : 정보의 과다, 메시지의 복잡성 및 메시지 간의 경쟁, 상이한 직위와 과업지향형, 신뢰의 부족, 의사소통을 위한 구조상의 권한, 잘못된 매체의 선택, 폐쇄적인 의사소통 분위기 등

(2) 의사소통능력

① 개념 : 직장생활에서 문서나 상대방이 하는 말의 의미를 파악하는 능력, 자신의 의사를 정확하게 표현하는 능력, 간단한 외국어 자료를 읽거나 외국인의 의사표시를 이해하는 능력을 포함한다.

② 의사소통능력 개발을 위한 방법

　　㉠ 사후검토와 피드백을 활용한다.

　　㉡ 명확한 의미를 가진 이해하기 쉬운 단어를 선택하여 이해도를 높인다.

　　㉢ 적극적으로 경청한다.

　　㉣ 메시지를 감정적으로 곡해하지 않는다.

02 의사소통능력을 구성하는 하위능력

(1) 문서이해능력

① 문서와 문서이해능력

　㉠ 문서 : 제안서, 보고서, 기획서, 이메일, 팩스 등 문자로 구성된 것으로 상대방에게 의사를 전달하여 설득하는 것을 목적으로 한다.

　㉡ 문서이해능력 : 직업현장에서 자신의 업무와 관련된 문서를 읽고, 내용을 이해하고 요점을 파악할 수 있는 능력을 말한다.

예제 1

다음은 신용카드 약관의 주요내용이다. 규정 약관을 제대로 이해하지 못한 사람은?

> [부가서비스]
> 카드사는 법령에서 정한 경우를 제외하고 상품을 새로 출시한 후 1년 이내에 부가서비스를 줄이거나 없앨 수가 없다. 또한 부가서비스를 줄이거나 없앨 경우에는 그 세부내용을 변경일 6개월 이전에 회원에게 알려주어야 한다.
>
> [중도 해지 시 연회비 반환]
> 연회비 부과기간이 끝나기 이전에 카드를 중도해지하는 경우 남은 기간에 해당하는 연회비를 계산하여 10 영업일 이내에 돌려줘야 한다. 다만, 카드 발급 및 부가서비스 제공에 이미 지출된 비용은 제외된다.
>
> [카드 이용한도]
> 카드 이용한도는 카드 발급을 신청할 때에 회원이 신청한 금액과 카드사의 심사기준을 종합적으로 반영하여 회원이 신청한 금액 범위 이내에서 책정되며 회원의 신용도가 변동되었을 때에는 카드사는 회원의 이용한도를 조정할 수 있다.
>
> [부정사용 책임]
> 카드 위조 및 변조로 인하여 발생된 부정사용 금액에 대해서는 카드사가 책임을 진다. 다만, 회원이 비밀번호를 다른 사람에게 알려주거나 카드를 다른 사람에게 빌려주는 등의 중대한 과실로 인해 부정사용이 발생하는 경우에는 회원이 그 책임의 전부 또는 일부를 부담할 수 있다.

① 혜수 : 카드사는 법령에서 정한 경우를 제외하고는 1년 이내에 부가서비스를 줄일 수 없어
② 진성 : 카드 위조 및 변조로 인하여 발생된 부정사용 금액은 일괄 카드사가 책임을 지게 돼
③ 엉훈 : 회원의 신용도가 변경되었을 때 카드사가 이용한도를 조정할 수 있어
④ 영호 : 연회비 부과기간이 끝나기 이전에 카드를 중도해지하는 경우에는 남은 기간에 해당하는 연회비를 카드사는 돌려줘야 해

답 ②

② 문서의 종류

　　㉠ 공문서 : 정부기관에서 공무를 집행하기 위해 작성하는 문서로, 단체 또는 일반회사에서 정부기관을 상대로 사업을 진행할 때 작성하는 문서도 포함된다. 엄격한 규격과 양식이 특징이다.

　　㉡ 기획서 : 아이디어를 바탕으로 기획한 프로젝트에 대해 상대방에게 전달하여 시행하도록 설득하는 문서이다.

　　㉢ 기안서 : 업무에 대한 협조를 구하거나 의견을 전달할 때 작성하는 사내 공문서이다.

　　㉣ 보고서 : 특정한 업무에 관한 현황이나 진행 상황, 연구ㆍ검토 결과 등을 보고하고자 할 때 작성하는 문서이다.

　　㉤ 설명서 : 상품의 특성이나 작동 방법 등을 소비자에게 설명하기 위해 작성하는 문서이다.

　　㉥ 보도자료 : 정부기관이나 기업체 등이 언론을 상대로 자신들의 정보를 기사화 되도록 하기 위해 보내는 자료이다.

　　㉦ 자기소개서 : 개인이 자신의 성장과정이나, 입사 동기, 포부 등에 대해 구체적으로 기술하여 자신을 소개하는 문서이다.

　　㉧ 비즈니스 레터(E-mail) : 사업상의 이유로 고객에게 보내는 편지다.

　　㉨ 비즈니스 메모 : 업무상 확인해야 할 일을 메모형식으로 작성하여 전달하는 글이다.

③ 문서이해의 절차 : 문서의 목적 이해→문서 작성 배경ㆍ주제 파악→정보 확인 및 현안문제 파악→문서 작성자의 의도 파악 및 자신에게 요구되는 행동 분석→목적 달성을 위해 취해야 할 행동 고려→문서 작성자의 의도를 도표나 그림 등으로 요약ㆍ정리

(2) 문서작성능력

① 작성되는 문서에는 대상과 목적, 시기, 기대효과 등이 포함되어야 한다.

② 문서작성의 구성요소

　　㉠ 짜임새 있는 골격, 이해하기 쉬운 구조

　　㉡ 객관적이고 논리적인 내용

　　㉢ 명료하고 설득력 있는 문장

　　㉣ 세련되고 인상적인 레이아웃

다음은 들은 내용을 구조적으로 정리하는 방법이다. 순서에 맞게 배열하면?

> ㉠ 관련 있는 내용끼리 묶는다.
> ㉡ 묶은 내용에 적절한 이름을 붙인다.
> ㉢ 전체 내용을 이해하기 쉽게 구조화한다.
> ㉣ 중복된 내용이나 덜 중요한 내용을 삭제한다.

① ㉠㉡㉢㉣ 　　　　② ㉠㉡㉣㉢
③ ㉡㉠㉢㉣ 　　　　④ ㉡㉠㉣㉢

③ 문서의 종류에 따른 작성방법

　㉠ 공문서
　　• 육하원칙이 드러나도록 써야 한다.
　　• 날짜는 반드시 연도와 월, 일을 함께 언급하며, 날짜 다음에 괄호를 사용할 때는 마침표를 찍지 않는다.
　　• 대외문서이며, 장기간 보관되기 때문에 정확하게 기술해야 한다.
　　• 내용이 복잡할 경우 '−다음−', '−아래−'와 같은 항목을 만들어 구분한다.
　　• 한 장에 담아내는 것을 원칙으로 하며, 마지막엔 반드시 '끝'자로 마무리 한다.

　㉡ 설명서
　　• 정확하고 간결하게 작성한다.
　　• 이해하기 어려운 전문용어의 사용은 삼가고, 복잡한 내용은 도표화 한다.
　　• 명령문보다는 평서문을 사용하고, 동어 반복보다는 다양한 표현을 구사하는 것이 바람직하다.

　㉢ 기획서
　　• 상대를 설득하여 기획서가 채택되는 것이 목적이므로 상대가 요구하는 것이 무엇인지 고려하여 작성하며, 기획의 핵심을 잘 전달하였는지 확인한다.
　　• 분량이 많을 경우 전체 내용을 한눈에 파악할 수 있도록 목차구성을 신중히 한다.
　　• 효과적인 내용 전달을 위한 표나 그래프를 적절히 활용하고 산뜻한 느낌을 줄 수 있도록 한다.
　　• 인용한 자료의 출처 및 내용이 정확해야 하며 제출 전 충분히 검토한다.

　㉣ 보고서
　　• 도출하고자 하는 핵심내용을 구체적이고 간결하게 작성한다.
　　• 내용이 복잡할 경우 도표나 그림을 활용하고, 참고자료는 정확하게 제시한다.
　　• 제출하기 전에 최종점검을 하며 질의를 받을 것에 대비한다.

예제 3

다음 중 공문서 작성에 대한 설명으로 가장 적절하지 못한 것은?

① 공문서나 유가증권 등에 금액을 표시할 때에는 한글로 기재하고 그 옆에 괄호를 넣어 숫자로 표기한다.
② 날짜는 숫자로 표기하되 년, 월, 일의 글자는 생략하고 그 자리에 온점(.)을 찍어 표시한다.
③ 첨부물이 있는 경우에는 붙임 표시문 끝에 1자 띄우고 "끝."이라고 표시한다.
④ 공문서의 본문이 끝났을 경우에는 1자를 띄우고 "끝."이라고 표시한다.

④ 문서작성의 원칙

    ㉠ 문장은 짧고 간결하게 작성한다.(간결체 사용)

    ㉡ 상대방이 이해하기 쉽게 쓴다.

    ㉢ 불필요한 한자의 사용을 자제한다.

    ㉣ 문장은 긍정문의 형식을 사용한다.

    ㉤ 간단한 표제를 붙인다.

    ㉥ 문서의 핵심내용을 먼저 쓰도록 한다.(두괄식 구성)

⑤ 문서작성 시 주의사항

    ㉠ 육하원칙에 의해 작성한다.

    ㉡ 문서 작성시기가 중요하다.

    ㉢ 한 사안은 한 장의 용지에 작성한다.

    ㉣ 반드시 필요한 자료만 첨부한다.

    ㉤ 금액, 수량, 일자 등은 기재에 정확성을 기한다.

    ㉥ 경어나 단어사용 등 표현에 신경 쓴다.

    ㉦ 문서작성 후 반드시 최종적으로 검토한다.

⑥ 효과적인 문서작성 요령

    ㉠ 내용이해 : 전달하고자 하는 내용과 핵심을 정확하게 이해해야 한다.

    ㉡ 목표설정 : 전달하고자 하는 목표를 분명하게 설정한다.

    ㉢ 구성 : 내용 전달 및 설득에 효과적인 구성과 형식을 고려한다.

    ㉣ 자료수집 : 목표를 뒷받침할 자료를 수집한다.

    ㉤ 핵심전달 : 단락별 핵심을 하위목차로 요약한다.

    ㉥ 대상파악 : 대상에 대한 이해와 분석을 통해 철저히 파악한다.

    ㉦ 보충설명 : 예상되는 질문을 정리하여 구체적인 답변을 준비한다.

    ㉧ 문서표현의 시각화 : 그래프, 그림, 사진 등을 적절히 사용하여 이해를 돕는다.

(3) 경청능력

① 경청의 중요성 : 경청은 다른 사람의 말을 주의 깊게 들으며 공감하는 능력으로 경청을 통해 상대방을 한 개인으로 존중하고 성실한 마음으로 대하게 되며, 상대방의 입장에 공감하고 이해하게 된다.

② 경청을 방해하는 습관 : 짐작하기, 대답할 말 준비하기, 걸러내기, 판단하기, 다른 생각하기, 조언하기, 언쟁하기, 옳아야만 하기, 슬쩍 넘어가기, 비위 맞추기 등

③ 효과적인 경청방법

    ㉠ 준비하기 : 강연이나 프레젠테이션 이전에 나누어주는 자료를 읽어 미리 주제를 파악하고 등장하는 용어를 익혀둔다.

    ㉡ 주의 집중 : 말하는 사람의 모든 것에 집중해서 적극적으로 듣는다.

    ㉢ 예측하기 : 다음에 무엇을 말할 것인가를 추측하려고 노력한다.

    ㉣ 나와 관련짓기 : 상대방이 전달하고자 하는 메시지를 나의 경험과 관련지어 생각해 본다.

    ㉤ 질문하기 : 질문은 듣는 행위를 적극적으로 하게 만들고 집중력을 높인다.

    ㉥ 요약하기 : 주기적으로 상대방이 전달하려는 내용을 요약한다.

    ㉦ 반응하기 : 피드백을 통해 의사소통을 점검한다.

예제 4

다음은 면접스터디 중 일어난 대화이다. 민아의 고민을 해소하기 위한 조언으로 가장 적절한 것은?

> 지섭 : 민아씨, 어디 아파요? 표정이 안 좋아 보여요.
> 민아 : 제가 원서 넣은 공단이 내일 면접이어서요. 그동안 스터디를 통해서 면접 연습을 많이 했는데도 벌써부터 긴장이 되네요.
> 지섭 : 민아씨는 자기 의견도 명확히 피력할 줄 알고 조리 있게 설명을 잘 하시니 걱정 안하셔도 될 것 같아요. 아, 손에 꽉 쥐고 계신 건 뭔가요?
> 민아 : 아, 제가 예상 답변을 정리해서 모아둔거에요. 내용은 거의 외웠는데 이렇게 쥐고 있지 않으면 불안해서.
> 지섭 : 그 정도로 준비를 철저히 하셨으면 걱정할 이유 없을 것 같아요.
> 민아 : 그래도 압박면접이거나 예상치 못한 질문이 들어오면 어떻게 하죠?
> 지섭 : _____

① 시선을 적절히 처리하면서 부드러운 어투로 말하는 연습을 해보는 건 어때요?
② 공식적인 자리인 만큼 옷차림을 신경 쓰는 게 좋을 것 같아요.
③ 당황하지 말고 질문자의 의도를 잘 파악해서 침착하게 대답하면 되지 않을까요?
④ 예상 질문에 대한 답변을 좀 더 정확하게 외워보는 건 어떨까요?

출제의도

상대방이 하는 말을 듣고 질문 의도에 따라 올바르게 답하는 능력을 측정하는 문항이다.

해 설

민아는 압박질문이나 예상치 못한 질문에 대해 걱정을 하고 있으므로 침착하게 대응하라고 조언을 해주는 것이 좋다.

답 ③

(4) 의사표현능력

① 의사표현의 개념과 종류

　㉠ 개념 : 화자가 자신의 생각과 감정을 청자에게 음성언어나 신체언어로 표현하는 행위이다.

　㉡ 종류

　　• 공식적 말하기 : 사전에 준비된 내용을 대중을 대상으로 말하는 것으로 연설, 토의, 토론 등이 있다.
　　• 의례적 말하기 : 사회·문화적 행사에서와 같이 절차에 따라 하는 말하기로 식사, 주례, 회의 등이 있다.
　　• 친교적 말하기 : 친근한 사람들 사이에서 자연스럽게 주고받는 대화 등을 말한다.

② 의사표현의 방해요인

　㉠ 연단공포증 : 연단에 섰을 때 가슴이 두근거리거나 땀이 나고 얼굴이 달아오르는 등의 현상으로 충분한 분석과 준비, 더 많은 말하기 기회 등을 통해 극복할 수 있다.

　㉡ 말 : 말의 장단, 고저, 발음, 속도, 쉼 등을 포함한다.

　㉢ 음성 : 목소리와 관련된 것으로 음색, 고저, 명료도, 완급 등을 의미한다.

　㉣ 몸짓 : 비언어적 요소로 화자의 외모, 표정, 동작 등이다.

　㉤ 유머 : 말하기 상황에 따른 적절한 유머를 구사할 수 있어야 한다.

③ 상황과 대상에 따른 의사표현법

   ㉠ 잘못을 지적할 때 : 모호한 표현을 삼가고 확실하게 지적하며, 당장 꾸짖고 있는 내용에만 한정한다.

   ㉡ 칭찬할 때 : 자칫 아부로 여겨질 수 있으므로 센스 있는 칭찬이 필요하다.

   ㉢ 부탁할 때 : 먼저 상대방의 사정을 듣고 응하기 쉽게 구체적으로 부탁하며 거절을 당해도 싫은 내색을 하지 않는다.

   ㉣ 요구를 거절할 때 : 먼저 사과하고 응해줄 수 없는 이유를 설명한다.

   ㉤ 명령할 때 : 강압적인 말투보다는 '○○을 이렇게 해주는 것이 어떻겠습니까?'와 같은 식으로 부드럽게 표현하는 것이 효과적이다.

   ㉥ 설득할 때 : 일방적으로 강요하기보다는 먼저 양보해서 이익을 공유하겠다는 의지를 보여주는 것이 좋다.

   ㉦ 충고할 때 : 충고는 가장 최후의 방법이다. 반드시 충고가 필요한 상황이라면 예화를 들어 비유적으로 깨우쳐주는 것이 바람직하다.

   ㉧ 질책할 때 : 샌드위치 화법(칭찬의 말 + 질책의 말 + 격려의 말)을 사용하여 청자의 반발을 최소화한다.

예제 5

당신은 팀장님께 업무 지시내용을 수행하고 결과물을 보고드렸다. 하지만 팀장님께서는 "최대리 업무를 이렇게 처리하면 어떡하나? 누락된 부분이 있지 않은가."라고 말하였다. 이에 대해 당신이 행할 수 있는 가장 부적절한 대처 자세는?

① "죄송합니다. 제가 잘 모르는 부분이라 이수혁 과장님께 부탁을 했는데 과장님께서 실수를 하신 것 같습니다."
② "주의를 기울이지 못해 죄송합니다. 어느 부분을 수정보완하면 될까요?"
③ "지시하신 내용을 제가 충분히 이해하지 못하였습니다. 내용을 다시 한 번 여쭤보아도 되겠습니까?"
④ "부족한 내용을 보완하는 자료를 취합하기 위해서 하루정도가 더 소요될 것 같습니다. 언제까지 재작성하여 드리면 될까요?"

출제의도

상사가 잘못을 지적하는 상황에서 어떻게 대처해야 하는지를 묻는 문항이다.

해 설

상사가 부탁한 지시사항을 다른 사람에게 부탁하는 것은 옳지 못하며 설사 그렇다고 해도 그 일의 과오에 대해 책임을 전가하는 것은 지양해야 할 자세이다.

답 ①

---

④ 원활한 의사표현을 위한 지침

   ㉠ 올바른 화법을 위해 독서를 하라.

   ㉡ 좋은 청중이 되라.

   ㉢ 칭찬을 아끼지 마라.

   ㉣ 공감하고, 긍정적으로 보이게 하라.

ⓜ 겸손은 최고의 미덕임을 잊지 마라.

ⓗ 과감하게 공개하라.

ⓢ 뒷말을 숨기지 마라.

ⓞ 첫마디 말을 준비하라.

ⓩ 이성과 감성의 조화를 꾀하라.

ⓒ 대화의 룰을 지켜라.

ⓚ 문장을 완전하게 말하라.

⑤ 설득력 있는 의사표현을 위한 지침

㉠ 'Yes'를 유도하여 미리 설득 분위기를 조성하라.

㉡ 대비 효과로 분발심을 불러 일으켜라.

㉢ 침묵을 지키는 사람의 참여도를 높여라.

㉣ 여운을 남기는 말로 상대방의 감정을 누그러뜨려라.

㉤ 하던 말을 갑자기 멈춤으로써 상대방의 주의를 끌어라.

㉥ 호칭을 바꿔서 심리적 간격을 좁혀라.

㉦ 끄집어 말하여 자존심을 건드려라.

㉧ 정보전달 공식을 이용하여 설득하라.

㉨ 상대방의 불평이 가져올 결과를 강조하라.

㉩ 권위 있는 사람의 말이나 작품을 인용하라.

㉪ 약점을 보여 주어 심리적 거리를 좁혀라.

㉫ 이상과 현실의 구체적 차이를 확인시켜라.

㉬ 자신의 잘못도 솔직하게 인정하라.

㉭ 집단의 요구를 거절하려면 개개인의 의견을 물어라.

ⓐ 동조 심리를 이용하여 설득하라.

ⓑ 지금까지의 노고를 치하한 뒤 새로운 요구를 하라.

ⓒ 담당자가 대변자 역할을 하도록 하여 윗사람을 설득하게 하라.

ⓓ 겉치레 양보로 기선을 제압하라.

ⓔ 변명의 여지를 만들어 주고 설득하라.

ⓕ 혼자 말하는 척하면서 상대의 잘못을 지적하라.

(5) 기초외국어능력

① 기초외국어능력의 개념과 필요성

  ㉠ 개념 : 외국어로 된 간단한 자료를 이해하거나, 외국인과의 전화응대와 간단한 대화 등 외국인의 의사표현을 이해하고, 자신의 의사를 기초외국어로 표현할 수 있는 능력이다.

  ㉡ 필요성 : 국제화 · 세계화 시대에 다른 나라와의 무역을 위해 우리의 언어가 아닌 국제적인 통용어를 사용하거나 그들의 언어로 의사소통을 해야 하는 경우가 생길 수 있다.

② 외국인과의 의사소통에서 피해야 할 행동

  ㉠ 상대를 볼 때 흘겨보거나, 노려보거나, 아예 보지 않는 행동

  ㉡ 팔이나 다리를 꼬는 행동

  ㉢ 표정이 없는 것

  ㉣ 다리를 흔들거나 펜을 돌리는 행동

  ㉤ 맞장구를 치지 않거나 고개를 끄덕이지 않는 행동

  ㉥ 생각 없이 메모하는 행동

  ㉦ 자료만 들여다보는 행동

  ㉧ 바르지 못한 자세로 앉는 행동

  ㉨ 한숨, 하품, 신음소리를 내는 행동

  ㉩ 다른 일을 하며 듣는 행동

  ㉪ 상대방에게 이름이나 호칭을 어떻게 부를지 묻지 않고 마음대로 부르는 행동

③ 기초외국어능력 향상을 위한 공부법

  ㉠ 외국어공부의 목적부터 정하라.

  ㉡ 매일 30분씩 눈과 손과 입에 밸 정도로 반복하라.

  ㉢ 실수를 두려워하지 말고 기회가 있을 때마다 외국어로 말하라.

  ㉣ 외국어 잡지나 원서와 친해져라.

  ㉤ 소홀해지지 않도록 라이벌을 정하고 공부하라.

  ㉥ 업무와 관련된 주요 용어의 외국어는 꼭 알아두자.

  ㉦ 출퇴근 시간에 외국어 방송을 보거나, 듣는 것만으로도 귀가 트인다.

  ㉧ 어린이가 단어를 배우듯 외국어 단어를 암기할 때 그림카드를 사용해 보라.

  ㉨ 가능하면 외국인 친구를 사귀고 대화를 자주 나눠 보라.

출제예상문제

1 다음 제시된 글을 어법에 맞게 수정한 것으로 적절하지 않은 것은?

사회적 기업의 개념

㉠ 사회적 기업은 취약계층이 사회서비스 또는 일자리 등을 제공하여 지역주민의 삶의 질을 높이는 등의 사회적 목적을 추구한다. 동시에 재화 및 서비스의 생산·판매 등 영업활동을 수행하는 기업을 말한다.

㉡ 영리 기업이 이윤 추구를 목적으로 하는데 반해, 사회적 기업은 사회서비스의 제공 및 취약계층의 일자리 창출을 목적으로 하는 점에서 영리기업과 큰 차이가 있다. ㉢ 그러나 흔히 "빵을 팔기 위해 고용하는 것이 아니라, 고용하기 위해 빵을 파는 기업"이라고도 일컬어진다. ㉣ 빵에 함유되어 있는 탄수화물은 당을 급격하게 높여준다. 주요 특징으로는 취약계층에 일자리 및 사회서비스 제공 등의 사회적 목적 추구, 영업활동 수행 및 수익의 사회적 목적 재투자, 민주적인 의사결정구조 구비 등을 한다.

---

① ㉠ : 사회적 기업이 취약계층에게 서비스 또는 일자리 등을 제공하는 것이므로 '취약계층'의 조사를 '이→에게'로 변경한다.

② ㉡ : '영리 기업은 이윤 추구를 목적으로 하면서 취약계층의 일자리를 창출한다'로 변경해야 한다.

③ ㉢ : 앞의 문장과 이어지는 내용이므로 '그러나'를 '그래서'로 바꾼다.

④ ㉣ : 제시된 글의 내용과 상관없는 문장으로 삭제한다.

> ✔해설 ② ㉡의 문장은 영리 기업과 사회적 기업을 비교하는 문장으로 주어진 문장을 변경하지 않는 것이 적절하다.

2 다음의 빈칸에 들어갈 내용으로 가장 적절한 것은?

○ 연구주제 : 중 · 고등학생의 게임 몰입이 주변 사람과의 대화에 미치는 영향
○ 연구가설
〈가설 1〉 게임을 적게 할수록 부모와의 대화는 많을 것이다.
〈가설 2〉 _____ (가) _____
○ 자료 수집
－조사방법 : 중 · 고등학생 1,000명을 무작위 선정하여 설문 조사
－조사내용 : 게임 시간 정도, 부모와의 대화 정도, 친구와 대화 정도
○ 자료 분석 결과
－자료 분석 결과 아래 표와 같고, 부모와의 대화 정도 및 친구와의 대화 정도는 게임 시간
   정도에 따라 통계적으로 유의미한 차이가 있는 것으로 나타났다.

대화정도	게임시간정도	많음	중간	적음
부모와 대화 많음	친구와 대화 많음	78	100	120
	친구와 대화 적음	52	70	80
부모와 대화 적음	친구와 대화 많음	172	100	60
	친구와 대화 적음	48	120	180

① 게임을 많이 할수록 친구와 게임에 관련한 내용의 대화를 나눌 것이다.

② 게임을 적게 할수록 부모와의 대화 빈도가 줄어들 것이다.

③ 게임을 적게 할수록 친구와의 대화는 많을 것이다.

④ 게임을 많이 할수록 일상 대화량이 많을 것이다.

✔해설 주어진 자료의 분석 결과를 보면 친구와의 대화 정도와 게임 시간 정도를 비교하는 것으로 보아 게임
시간과 친구와의 대화정도를 비교하는 가설이 적절하다.

Answer 1.② 2.③

3 다음의 공고를 보고 신청자격을 갖추지 못한 것을 고르시오.

〈2020년도 국가융복합단지 연계 지역기업 상용화 R&D 지원계획 공고〉

지역산업 경쟁력 강화 및 지역경제 활성화를 위해 중소벤처기업부에서 추진하고 있는「2020년도 국가융복합단지 연계 지역기업 상용화 R&D」지원계획을 다음과 같이 공고하오니, 지역의 기업 및 기관들의 많은 참여를 바랍니다.

□ 신청자격

ㅇ 주관기관 : 사업공고일 기준 해당 시·도 국가혁신융복합단지에 사업장 또는 기업부설연구소를 보유 중인 중소기업*

  * 일반사업장 : 부가가치세법 제6조(납세지), 같은 법 시행령 제8조(사업장)에 근거하여 '사업자등록증'의 소재지 기준으로 신청자격 판단

  * 부설연구소 : W기술진흥협회의 '기업부설연구소 인증서'의 소재지 기준(유효기간 포함)으로 신청자격 판단

ㅇ 참여기관 : 전국에 소재하는 중소기업, 대학, 연구기관, TP, 지역특화·혁신센터, 지자체연구소 등 공동연구 수행 가능 기관

  * 대기업은 주관·참여기관으로 참여 불가능

  * 컨소시엄의 경우, 모든 참여기관이 주관기관과 동일한 지역(광역 시·도)에 소재하면 가점 5점 부여(사업자등록증, 기업부설연구소 인증서 기준 판단)

ㅇ 예외사항 : 사업공고일 기준 해당 시·도 국가혁신융복합단지에 소재하지 않은 중소기업이 주관기관으로 신청(입주확약서 제출)할 경우, 총 수행기간 내 융복합단지에 입주하는 것이 원칙

  * 총 수행기간 내 해당 지역별 국가혁신융복합단지 지번에 입주하여 사업자 등록증, 등기부 등본 등을 통해 소재지를 입증하여야 함.

  * 총 수행기간 내 해당 지역별 국가혁신융복합단지 미입주 시 최종평가 결과 실패(불성실수행) 판정 및 제재조치(사업비 환수 등)의 불이익이 있음.

---

① 주관기관으로 신청하는 甲시의 국가혁신융복합단지에 일반 사업장이 위치한 중소기업

② 참여기관으로 신청하는 대기업의 지역특화·혁신센터

③ 주관기관으로 신청하는 W기술진흥협회의 '기업부설연구소 인증서'의 소재지가 丙시의 국가혁신융복합단지에 위치한 부설연구소

④ 주관기관으로 신청하며 총 수행기간 내에 융복합단지에 입주한 중소기업

✔해설 ② 주관기관, 참여기관 모두 대기업은 참여할 수 없다.

4 다음 글의 밑줄 친 부분의 한자표기가 옳지 않은 것은?

> 헌법 제59조는 "조세의 종목과 세율은 법률로 정한다."라고 규정하여 조세 법률주의를 <u>선언</u>하고 있다. A는 국회가 <u>제정</u>한 법률이 과세 요건을 명확히 규정하고 있다면 그 목적과 내용의 정당성 여부와 상관없이 조세 법률주의에 <u>위배</u>되지 않는다고 본다. 그러나 B에 따르면 경제 활동을 더 이상 불가능하게 할 정도로 과도하게 조세를 <u>부과</u>하는 조세법은 허용되지 않는다. B는 과세 근거가 되는 법률의 목적과 내용 또한 기본권 보장이라는 헌법 이념에 부합되어야 한다고 보기 때문이다.

① 선언 – 宣言
② 제정 – 制定
③ 위배 – 違背
④ 부과 – 賦科

> ✔ 해설 ④ '부과'는 세금이나 부담금 따위를 매기어 부담하게 한다는 의미로 賦課로 쓴다.
> ① 선언(宣言) : 널리 펴서 말함. 또는 그런 내용.
> ② 제정(制定) : 제도나 법률 따위를 만들어서 정함.
> ③ 위배(違背) : 법률, 명령, 약속 따위를 지키지 않고 어김.

5 다음은 「개인정보 보호법」과 관련한 사법 행위의 내용을 설명하는 글이다. 다음 글을 참고할 때, '공표' 조치에 대한 올바른 설명이 아닌 것은?

「개인정보 보호법」 위반과 관련한 행정처분의 종류에는 처분 강도에 따라 과태료, 과징금, 시정조치, 개선권고, 징계권고, 공표 등이 있다. 이 중, 공표는 행정질서 위반이 심하여 공공에 경종을 울릴 필요가 있는 경우 명단을 공표하여 사회적 낙인을 찍히게 함으로써 경각심을 주는 제재 수단이다.

「개인정보 보호법」 위반행위가 은폐·조작, 과태료 1천만 원 이상, 유출 등 다음 7가지 공표기준에 해당하는 경우, 위반행위자, 위반행위 내용, 행정처분 내용 및 결과를 포함하여 개인정보 보호위원회의 심의·의결을 거쳐 공표한다.

> ※ 공표기준
> 1. 1회 과태료 부과 총 금액이 1천만 원 이상이거나 과징금 부과를 받은 경우
> 2. 유출·침해사고의 피해자 수가 10만 명 이상인 경우
> 3. 다른 위반행위를 은폐·조작하기 위하여 위반한 경우
> 4. 유출·침해로 재산상 손실 등 2차 피해가 발생하였거나 불법적인 매매 또는 건강 정보 등 민감 정보의 침해로 사회적 비난이 높은 경우
> 5. 위반행위 시점을 기준으로 위반 상태가 6개월 이상 지속된 경우
> 6. 행정처분 시점을 기준으로 최근 3년 내 과징금, 과태료 부과 또는 시정조치 명령을 2회 이상 받은 경우
> 7. 위반행위 관련 검사 및 자료제출 요구 등을 거부·방해하거나 시정조치 명령을 이행하지 않음으로써 이에 대하여 과태료 부과를 받은 경우

공표절차는 과태료 및 과징금을 최종 처분할 때 ① 대상자에게 공표 사실을 사전 통보, ② 소명자료 또는 의견 수렴 후 개인정보보호위원회 송부, ③ 개인정보보호위원회 심의·결, ④ 홈페이지 공표 순으로 진행된다.

공표는 행정안전부장관의 처분 권한이지만 개인정보보호위원회의 심의·의결을 거치게 함으로써 「개인정보 보호법」 위반자에 대한 행정청의 제재가 자의적이지 않고 공정하게 행사되도록 조절해 주는 장치를 마련하였다.

① 공표는 「개인정보 보호법」 위반에 대한 가장 무거운 행정 조치이다.

② 행정안전부장관이 공표를 결정한다고 해서 반드시 최종 공표 조치가 취해져야 하는 것은 아니다.

③ 공표 조치가 내려진 대상자는 공표와 더불어 반드시 1천만 원 이상의 과태료를 납부하여야 한다.

④ 공표 조치를 받는 대상자는 사전에 이를 통보받게 된다.

1천만 원 이상의 과태료가 내려지게 되면 공표 조치의 대상이 되나, 모든 공표 조치 대상자들이 과태료를 1천만 원 이상 납부해야 하는 것은 아니다. 과태료 금액에 의한 공표 대상자 이외에도 공표 대상에 포함될 경우가 있으므로 반드시 1천만 원 이상의 과태료가 공표 대상자에게 부과된다고 볼 수는 없다.
① 행정처분의 종류를 처분 강도에 따라 구분하였으며, 이에 따라 가장 무거운 조치가 공표인 것으로 판단할 수 있다.

6 다음은 '전교생을 대상으로 무료급식을 시행해야 하는가?'라는 주제로 철수와 영수가 토론을 하고 있다. 보기 중 옳지 않은 것은?

> 철수 : 무료급식은 급식비를 낼 형편이 없는 학생들을 위해서 마련되어야 하는데 지금 대부분의 학교에서는 이 아이들뿐만 아니라 형편이 넉넉한 아이들까지도 모두 대상으로 삼고 있으니 이는 문제가 있다고 봐.
>
> 영수 : 하지만 누구는 무료로 급식을 먹고 누구는 돈을 내고 급식을 먹는다면 이는 형평성에 어긋난다고 생각해. 그래서 난 이왕 무료급식을 할 거라면 전교생에게 동등하게 그 혜택이 돌아가야 한다고 봐.
>
> 철수 : 음… 돈이 없는 사람은 무료로 급식을 먹고 돈이 있는 사람은 돈을 내고 급식을 먹는 것이 과연 형평성에 어긋난다고 할 수 있을까? 형평성이란 국어사전을 찾아보면 형평을 이루는 성질을 말하잖아. 여기서 형평이란 균형이 맞음. 또는 그런 상태를 말하는 것이고. 그러니까 형평이란 다시 말하면…
>
> 영수 : 아, 그래 네가 무슨 말을 하려고 하는지 알겠어. 그런데 나는 어차피 무료급식을 할 거라면 전교생이 다 같이 무료급식을 했으면 좋겠다는 거야. 그래야 서로 불화도 생기지 않으니까. 그리고 누구는 무료로 먹고 누구는 돈을 내고 먹을 거라면 난 차라리 무료급식을 안 하는 것이 낫다고 생각해.

① 위 토론에서 철수는 주제에서 벗어난 말을 하고 있다.
② 영수는 상대방의 말을 자르고 자기주장만을 말하고 있다.
③ 영수는 자신의 주장이 뚜렷하지 않다.
④ 위 토론의 주제는 애매모호하므로 주제를 수정해야 한다.

토론의 주제는 찬성과 반대로 뚜렷하게 나뉘어 질 수 있는 주제가 좋다. 위 토론의 주제는 찬성(전교생을 대상으로 무료급식을 시행해야 한다.)과 반대(전교생을 대상으로 무료급식을 시행해서는 안 된다.)로 뚜렷하게 나뉘어지므로 옳은 주제라 할 수 있다.

Answer 　5.③　6.④

7 다음은 사내홍보물에 사용하기 위한 인터뷰 내용이다. ㉠~㉣에 대한 설명으로 적절하지 않은 것을 고르면?

甲 : 안녕하세요. 저번에 인사드렸던 홍보팀 대리 甲입니다. 바쁘신 데도 이렇게 인터뷰에 응해 주셔서 감사합니다. ㉠이번 호 사내 홍보물 기사에 참고하려고 하는데 혹시 녹음을 해도 괜찮을까요?

乙 : 네, 그렇게 하세요.

甲 : 그럼 ㉡우선 사랑의 도시락 배달이란 무엇이고 어떤 목적을 갖고 있는지 간단히 말씀해 주시겠어요?

乙 : 사랑의 도시락 배달은 끼니를 챙겨 드시기 어려운 독거노인분들을 찾아가 사랑의 도시락을 전달하는 일이에요. 이 활동은 회사 이미지를 홍보하는 데 기여할 뿐만 아니라 개인적으로는 마음 따뜻해지는 보람을 느끼게 된답니다.

甲 : 그렇군요. ㉢한 번 봉사를 할 때에는 하루에 몇 십 가구를 방문하신다고 들었는데요, 어떻게 그렇게 많은 가구들을 다 방문할 수가 있나요?

乙 : 아, 비결이 있다면 역할을 분담한다는 거예요.

甲 : 어떻게 역할을 나누나요?

乙 : 도시락을 포장하는 일, 배달하는 일, 말동무 해드리는 일 등을 팀별로 분담해서 맡으니 효율적으로 운영할 수 있어요.

甲 : ㉣(고개를 끄덕이며) 그런 방법이 있었군요. 마지막으로 이런 봉사활동에 관심 있는 사원들에게 한 마디 해주세요.

乙 : ㉤주중 내내 일을 하고 주말에 또 봉사활동을 가려고 하면 몸은 굉장히 피곤합니다. 하지만 거기에서 오는 보람은 잠깐의 휴식과 비교할 수 없으니 꼭 한번 참석해 보시라고 말씀드리고 싶네요.

甲 : 네, 그렇군요. 오늘 귀중한 시간을 내어 주셔서 감사합니다.

① ㉠ : 기록을 위한 보조기구를 사용하기 위해서 사전에 허락을 구하고 있다.
② ㉡ : 면담의 목적을 분명히 밝히면서 동의를 구하고 있다.
③ ㉢ : 미리 알고 있던 정보를 바탕으로 질문을 하고 있다.
④ ㉣ : 적절한 비언어적 표현을 사용하며 상대방의 말에 반응하고 있다.

> ✔해설 甲은 사랑의 도시락 배달에 대한 정보를 얻기 위해 乙과 면담을 하고 있다. 그러므로 ㉡은 면담의 목적에 대한 동의를 구하는 질문이 아니라 알고 싶은 정보를 얻기 위한 질문에 해당한다고 할 수 있다.

8 다음 글은 합리적 의사결정을 위해 필요한 절차적 조건 중의 하나에 관한 설명이다. 다음 보기 중 이 조건을 위배한 것끼리 묶은 것은?

> 합리적 의사결정을 위해서는 정해진 절차를 충실히 따르는 것이 필요하다. 고도로 복잡하고 불확실하나 문제상황 속에서 결정의 절차가 합리적이기 위해서는 다음과 같은 조건이 충족되어야 한다.
>
> 〈조건〉
>
> 정책결정 절차에서 논의되었던 모든 내용이 결정절차에 참여하지 않은 다른 사람들에게 투명하게 공개되어야 한다. 그렇지 않으면 이성적 토론이 무력해지고 객관적 증거나 논리 대신 강압이나 회유 등의 방법으로 결론이 도출되기 쉽기 때문이다.

> 〈보기〉
> ㉠ 심의에 참여한 분들의 프라이버시 보호를 위해 오늘 회의의 결론만 간략히 알려드리겠습니다.
> ㉡ 시간이 촉박하니 회의 참석자 중에서 부장급 이상만 발언하도록 합시다.
> ㉢ 오늘 논의하는 안건은 매우 민감한 사안이니만큼 비참석자에게는 그 내용을 알리지 않을 것입니다. 그러니 회의자료 및 메모한 내용도 두고 가시기 바랍니다.
> ㉣ 우리가 외부에 자문을 구한 박사님은 이 분야의 최고 전문가이기 때문에 참석자 간의 별도 토론 없이 박사님의 의견을 그대로 채택하도록 합시다.
> ㉤ 오늘 안건은 매우 첨예한 이해관계가 걸려 있으니 상대방에 대한 반론은 자제해주시고 자신의 주장만 말씀해주시기 바랍니다.

① ㉠, ㉡

② ㉠, ㉢

③ ㉢, ㉣

④ ㉢, ㉤

✔해설 합리적 의사결정의 조건으로 회의에서 논의된 내용이 투명하게 공개되어야 한다는 조건을 명시하고 있으나, ㉠과 ㉢에서는 비공개주의를 원칙으로 하고 있기 때문에 조건에 위배된다.

|9~10| 다음 내용을 읽고 물음에 답하시오.

공급업체 : 과장님, 이번 달 인쇄용지 주문량이 급격히 ㉠감소하여 이렇게 방문하였습니다. 혹시 저희 물품에 어떠한 문제가 있는 건가요?

총무과장 : 지난 10년간 ㉡납품해 주고 계신 것에 저희는 정말 만족하고 있습니다. 하지만 요즘 경기가 안 좋아서 비용절감차원에서 주문량을 줄이게 되었습니다.

공급업체 : 아, 그렇군요. 얼마 전 다른 업체에서도 ㉢견적 받으신 것을 우연히 알게 되어서요, 괜찮으시다면 어떠한 점 때문에 견적을 받아보신지 알 수 있을까요? 저희도 참고하려 하니 말씀해주시면 감사하겠습니다.

총무과장 : 아, 그러셨군요. 사실 내부 회의 결과, 인쇄용지의 ㉣지출이 너무 높다는 지적이 나왔습니다. 품질은 우수하지만 가격적인 면 때문에 그러한 ㉤결정을 하게 되었습니다.

---

9 다음 대화 중 밑줄 친 단어가 한자로 바르게 표기된 것을 고르면?

① ㉠ - 減小(감소)

② ㉡ - 納槀(납품)

③ ㉢ - 見積(견적)

④ ㉣ - 持出(지출)

> **✔ 해설** ① 減少(감소) : 양이나 수치가 줆
> ② 納品(납품) : 계약한 곳에 주문받은 물품을 가져다 줌
> ④ 支出(지출) : 어떤 목적을 위하여 돈을 지급하는 일

10 다음은 2020년 연말 우수사원 시상식에서 최우수 사원을 받은 장그래씨의 감사 인사말이다. 밑줄 친 단어 중 잘못 고쳐 쓴 것을 고르면?

> 사실 입사 후 저는 실수투성이로 아무 것도 모르는 <u>풋나기</u>였습니다. 그런 제가 최우수 사원에 선정되어 상을 받을 수 있게 된 것은 오차장님을 비롯한 영업3팀의 여러 선배님들 <u>탓</u>이라고 생각합니다. 어색하게 있던 제게 친근히 말을 <u>부쳐</u>주시던 김대리님, <u>묵묵이</u> 지켜봐주셨던 천과장님, 그리고 그밖에 도움을 주셨던 영업팀 팀원들에게 이 자리를 <u>빌려서</u> 감사의 말씀 드리고 싶습니다.

① 풋나기 → 풋내기

② 탓 → 덕분

③ 부쳐 → 붙여

④ 빌려서 → 빌어서

✔ **해설** 어떤 기회를 이용해서 감사나 사과의 의미를 전달할 때는 '이 자리를 빌려서 감사드린다.'라는 표현을 쓰는 것이 적절하다.

※ 빌다 vs. 빌리다

㉠ 빌다
- 바라는 바를 이루게 하여 달라고 신이나 사람, 사물 따위에 간청하다.
- 잘못을 용서하여 달라고 호소하다.
- 생각한 대로 이루어지길 바라다.

㉡ 빌리다
- 남의 물건이나 돈 따위를 나중에 도로 돌려주거나 대가를 갚기로 하고 얼마 동안 쓰다.
- 남의 도움을 받거나 사람이나 물건 따위를 믿고 기대다.
- 일정한 형식이나 이론, 또는 남의 말이나 글 따위를 취하여 따르다.

11 다음 공고를 보고 잘못 이해한 것을 고르면?

〈신입사원 정규채용 공고〉

분야	인원	응시자격	연령	비고
콘텐츠 기획	5	• 해당분야 유경험자(3년 이상) • 외국어 사이트 운영 경력자 우대 • 외국어(영어/일어) 전공자	제한 없음	정규직
제휴 마케팅	3	• 해당분야 유경험자(5년 이상) • 웹 프로모션 경력자 우대 • 콘텐츠산업(온라인) 지식 보유자	제한 없음	정규직
웹디자인	2	• 응시제한 없음 • 웹디자인 유경험자 우대	제한 없음	정규직

■ **입사지원서 및 기타 구비서류**
(1) 접수방법
• 인터넷(www.seowon.co.kr)을 통해서만 접수(우편 이용 또는 방문접수 불가)
• 채용분야별 복수지원 불가
(2) 입사지원서 접수 시 유의사항
• 입사지원서는 인터넷 접수만 가능함
• 접수 마감일에는 지원자 폭주 및 서버의 네트워크 사정에 따라 접속이 불안정해 질 수 있으니 가급적 마감일 1~2일 전까지 입사지원서 작성바람
• 입사지원서를 작성하여 접수하고 수험번호가 부여된 후 재입력이나 수정은 채용 공고 종료일 18:00까지만 가능하오니, 기재내용 입력에 신중을 기하여 정확하게 입력하기 바람
(3) 구비서류 접수
• 접수방법 : 최종면접 전형 당일 시험장에서만 접수하며, 미제출자는 불합격 처리
  – 최종학력졸업증명서 1부
  – 자격증 사본 1부(해당자에 한함)
■ **기타 사항**
• 상기 모집분야에 대해 최종 전형결과 적격자가 없는 것으로 판단될 경우, 선발하지 아니 할 수 있으며, 추후 입사지원서의 기재사항이나 제출서류가 허위로 판명될 경우 합격 또는 임용을 취소함
• 최종합격자라도 신체검사에서 불합격 판정을 받거나 공사 인사규정상 채용 결격사유가 발견될 경우 임용을 취소함
• 3개월 인턴 후 평가(70점 이상)에 따라 정식 고용 여부를 결정함
■ **문의 및 접수처**
• 기타 문의사항은 ㈜서원 홈페이지(www.seowon.co.kr) 참고

① 우편 및 방문접수는 불가하며 입사지원은 인터넷 접수만 가능하다.
② 지원서 수정은 마감일 이후 불가능하다.
③ 최종합격자라도 신체검사에서 불합격 판정을 받으면 임용이 취소된다.
④ 3개월 인턴과정을 거치고 나면 별도의 제약 없이 정식 고용된다.

✔해설 ④ 기타사항에 3개월 인턴 후 평가(70점 이상)에 따라 정식 고용 여부를 결정한다고 명시되어 있다.

12 다음 사례를 통해 알 수 있는 소셜미디어의 특징으로 가장 적절한 것은?

○○일보

2018년 1월 15일

소셜미디어의 활약, 너무 반짝반짝 눈이 부셔!

자연재해 시마다 소셜미디어의 활약이 눈부시다. 지난 14일 100년만의 폭설로 인해 지하철 운행이 중단되고 곳곳의 도로가 정체되는 등 교통대란이 벌어졌지만 많은 사람들이 스마트폰의 도움으로 최악의 상황을 피할 수 있었다.
누리꾼들은,
'폭설로 인한 전력공급 중단으로 지하철 1호선 영등포역 정차 중'
'올림픽대로 상행선 가양대교부터 서강대교까지 정체 중'
등 서로 소셜미디어를 통해 실시간 피해상황을 주고받았으며 이로 인해 출근 준비 중이던 대부분의 시민들은 다른 교통수단으로 혼란 없이 회사로 출근할 수 있었다.

---

① 정보전달방식이 일방적이다.
② 상위계층만 누리던 고급문화가 대중화된 사례이다.
③ 정보의 무비판적 수용을 조장한다.
④ 정보수용자와 제공자 간의 경계가 모호하다.

✔해설 제시된 글은 누구나 쉽게 정보를 생산하고 공유할 수 있는 소셜미디어의 장점이 부각된 기사로 ①②③의 보기들은 사례내용과 관련이 없다.

상담원 : 네, ㈜애플망고 소비자센터입니다.

고객 : 제가 최근에 인터넷으로 핸드폰을 구입했는데요, 제품에 문제가 있는 것 같아서요.

상담원 : 아, 어떤 문제가 있으신지 여쭈어 봐도 될까요?

고객 : 제가 물건을 받고 핸드폰을 사용했는데 통화음질도 안 좋을 뿐더러 통화 연결이 잘 안 되더라고요. 그래서 통신 문제인 줄 알고 통신사 고객센터에 연락해보니 테스트해보더니 통신의 문제는 아니라고 해서요, 제가 보기엔 핸드폰 기종 자체가 통화 음질이 떨어지는 거 같거든요? 그래서 구매한지 5일 정도 지났지만 반품 하고 싶은데 가능할까요?

상담원 : 네, 고객님. 「전자상거래 등 소비자보호에 관한 법」에 의거해서 물건 수령 후 7일 이내에 청약철회가 가능 합니다. 저희 쪽에 물건을 보내주시면 곧바로 환불처리 해 드리겠습니다.

고객 : 아, 감사합니다.

상담원 : 행복한 하루 되세요. 상담원 ○○○였습니다.

13 위 대화의 의사소통 유형으로 적절한 것은?

① 대화하는 사람들의 친교와 관계유지를 위한 의사소통이다.

② 화자가 청자의 긍정적 반응을 유도하는 의사소통이다.

③ 일대일 형식의 공식적 의사소통이다.

④ 정보전달적 성격의 비공식적 의사소통이다.

✔해설 주어진 대화는 소비자센터의 상담원과 반품문의를 물어보는 고객과의 일대일 면담으로 정보전달적 공식 적 의사소통이다.

14 위 대화에서 상담원의 말하기 방식으로 적절한 것은?

① 상대방이 알고자 하는 정보를 정확히 제공한다.

② 타협을 통해 문제 해결방안을 찾고자 한다.

③ 주로 비언어적 표현을 활용하여 설명하고 있다.

④ 상대방을 배려하기보다 자신의 의견을 전달하는데 중점을 두고 있다.

✔해설 상담원은 반품 문제에 대한 해결방안을 요구하는 고객에게 정확한 정보를 제공하여 전달하고 있다.

15 다음 업무일지를 바르게 이해하지 못한 것은?

[2020년 7월 6일 업무보고서]

편집팀 팀장 박○○

시간	내용	비고
09:00~10:00	편집팀 회의	– 일주일 후 나올 신간 논의
10:00~12:00	통상업무	
12:00~13:00	점심식사	
13:00~14:30	릴레이 회의	– 편집팀 인원충원에 관해 인사팀 김서현 대리에게 보고 – 디자인팀에 신간 표지디자인 샘플 부탁
14:30~16:00	협력업체 사장과 미팅	– 내일 오전까지 인쇄물 400부 도착
16:00~18:00	서점 방문	– 지난 시즌 발간한 서적 동향 파악

---

① 7월 13일 신간이 나올 예정이다.

② 편집팀은 현재 인력이 부족한 상황이다.

③ 저번 달에도 신간을 발간했다.

④ 내일 오전 인쇄물 400부가 배송될 예정이다.

✔ 해설 ③ 지난 시즌이라고만 명시했지 구체적으로 언제 발간했는지 밝혀지지 않았다.

16 다음 말하기의 문제점을 해결하기 위한 의사소통 전략으로 적절한 것은?

> - (부장님이 팀장님께) "어이, 김팀장 이번에 성과 오르면 내가 술 사줄게."
> - (팀장님이 거래처 과장에게) "그럼 그렇게 일정을 맞혀보도록 하죠."
> - (뉴스에서 아나운서가) "이번 부동산 정책은 이전과 비교해서 많이 틀려졌습니다."

① 청자의 배경지식을 고려해서 표현을 달리한다.
② 문화적 차이에서 비롯되는 갈등에 효과적으로 대처한다.
③ 상대방의 공감을 이끌어 낼 수 있는 전략을 효과적으로 활용한다.
④ 상황이나 어법에 맞는 적절한 언어표현을 사용한다.

> **✔해설** 제시된 글들은 모두 상황이나 어법에 맞지 않는 표현을 사용한 것이다. 상황에 따라 존대어, 겸양어를 적절히 사용하고 의미가 분명하게 드러나도록 어법에 맞는 적절한 언어표현이 필요하다.

17 다음은 스티븐 씨의 한국방문일정이다. 정확하지 않은 것은?

> Tues, march, 24, 2018
> 10:30 Arrive Seoul (KE 086)
> 12:00~14:00 Luncheon with Directors at Seoul Branch
> 14:30~16:00 Meeting with Suppliers
> 16:30~18:00 Tour of Insa-dong
> 19:00 Depart for Dinner
>
> Wed, march, 25, 2018
> 8:30 Depart for New York (OZ 222)
> 11:00 Arrive New York

① 총 2대의 비행기를 이용할 것이다.
② 오후에 인사동을 관광할 것이다.
③ 서울에 도착 후 이사와 오찬을 먹을 것이다.
④ 둘째 날 일정은 오후 11시에 끝난다.

④ 둘째 날은 따로 일정이 없으며 8시 30분에 뉴욕으로 떠난다.

① KE 086, OZ 222을 탔다는 내용을 보아 두 편의 항공기를 이용했음을 알 수 있다.

② 4시 30분부터 6시까지 인사동 관광이 예정되어 있다.

③ 12시부터 2시까지 이사와 Seoul Branch에서 오찬약속이 있다.

18 다음에 제시된 대화의 빈칸에 들어갈 적절한 문장을 고르면?

Mr. Lee : Dr. KIM! It's been a while since we spoke.

Secretary : Who am I speaking to?

Mr. Lee : Oh! I'm sorry. I'm Lee from ABC Pharmaceutical Company. I'd like to speak to Dr. KIM.

Secretary : Hold on. _____

(after a while)

Secretary : I'm sorry, but he's not at his desk now. Can I take a message for you?

Mr. Lee : Please tell him I called.

---

① Would you like some coffee?

② I'll put you through.

③ I'll go and powder my nose.

④ Don't be late.

① 커피 좀 드릴까요?

② 바꿔드리겠습니다.

③ 화장실 다녀올게요.

④ 늦지 마세요.

「Mr. Lee : KIM 박사님! 오랜만에 통화하는군요.

Secretary : 실례지만 누구시죠?

Mr. Lee : 오! 죄송합니다. 저는 ABC 제약회사에 Lee입니다. KIM 박사님과 통화하고 싶습니다.

Secretary : 잠깐만요. 바꿔드릴게요.

(잠시 후)

Secretary : 죄송합니다만, 그는 자리에 계시지 않습니다. 메모 남기시겠습니까?

Mr. Lee : 저한테 전화가 왔었다고 전해 주세요.」

19 다음 중 아래 글을 읽고 글로벌 기업의 성공적 대응 유형에 해당하지 않는 것을 고르면?

전 세계적으로 저성장이 장기화되고 있고, 낮은 가격을 무기로 개발도상국 업체들이 추격해 오고 있다. 이와 같이 가격 경쟁이 치열해 지는 상황에서 글로벌 기업들이 성공적으로 대응하는 유형은 크게 5가지로 구분할 수 있다.

첫 번째로 차별화 전략을 들 수 있다. 디자인, 성능, 브랜드 및 사용 경험 등을 차별화하는 방법이다.

두 번째로 저가로 맞대응하는 유형이다. 전체적인 구조조정을 통한 원가 혁신으로 상대 기업에 비해서 가격 경쟁력을 확보하는 전략이다.

세 번째로 차별화와 원가 혁신의 병행 전략을 선택하는 경우이다. IT 기술의 발달로 제품 및 서비스의 비교가 쉬워지면서 제품 차별화 혹은 원가 혁신과 같은 단일 전략보다는 차별화와 원가 혁신을 동시에 추구하는 전략이 큰 호응을 얻고 있다.

네 번째는 경쟁의 축을 바꿈으로써 시장을 선도하는 경우이다. 이는 시장에 새로운 게임의 룰을 만들어서 경쟁에서 벗어나는 방법이다.

마지막으로 제품만 팔다가 경쟁의 범위를 솔루션 영역으로 확장하면서 경쟁력을 높이는 경우이다.

① A식품은 캡슐 커피라는 신제품을 통해 새로운 커피 시장을 창출할 수 있었다.
② B항공사는 필수 서비스만 남기는 파격적 혁신으로 우수한 영업 실적을 기록했다.
③ C사는 시계를 기능성 제품보다 패션 아이템으로 인식되도록 하는 전략을 구사했다.
④ E사는 신제품 홍보에 온라인과 오프라인을 골고루 활용하여 고객의 주목을 받고 있다.

✔해설 ① 캡슐 커피라는 신제품을 통해 경쟁의 축을 바꿈으로써 시장을 선도하였다.
② 전체적인 구조조정을 통한 원가 혁신을 단행했다.
③ 시계를 패션 아이템으로 차별화하였다.

20 다음 밑줄 친 단어의 의미와 동일하게 쓰인 것을 고르시오.

> 김동연 경제부총리 겸 기획재정부 장관은 26일 최근 노동이슈 관련 "다음 주부터 시행되는 노동시간 단축 관련 올해 말까지 계도기간을 설정해 단속보다는 제도 정착에 초점을 두고 추진할 것"이라고 밝혔다.
>
> 김동연 부총리는 이날 정부서울청사에서 노동현안 관련 경제현안간담회를 주재하고 "7월부터 노동시간 단축제도가 시행되는 모든 기업에 대해 시정조치 기간을 최장 6개월로 늘리고, 고소·고발 등 법적인 문제의 처리 과정에서도 사업주의 단축 노력이 충분히 참작될 수 있도록 하겠다." 라며 이같이 말했다.
>
> 김 부총리는 "노동시간 단축 시행 실태를 면밀히 조사해 탄력 근로단위기간 확대 등 제도개선 방안도 조속히 마련하겠다."라며 "불가피한 경우 특별 연장근로를 인가받아 활용할 수 있도록 구체적인 방안을 강구할 것"이라고 밝혔다.

① 우리는 10년 만에 넓은 평수로 늘려 이사했다.

② 그 집은 알뜰한 며느리가 들어오더니 금세 재산을 늘려 부자가 되었다.

③ 적군은 세력을 늘린 후 다시 침범하였다.

④ 대학은 학생들의 건의를 받아들여 쉬는 시간을 늘리는 방안을 추진 중이다.

> ✔해설 밑줄 친 '늘리고'는 '시간이나 기간이 길어지다.'의 뜻으로 쓰였다. 따라서 이와 의미가 동일하게 쓰인 것은 ④이다.
> ① 물체의 넓이, 부피 따위를 본디보다 커지게 하다.
> ② 살림이 넉넉해지다.
> ③ 힘이나 기운, 세력 따위가 이전보다 큰 상태가 되다.

21 다음은 ○○문화회관 전시기획팀의 주간회의록이다. 자료에 대한 내용으로 옳은 것은?

주 간 회 의 록					
회의일시	2018. 7. 2(월)	부 서	전시기획팀	작 성 자	사원 甲
참 석 자	戊 팀장, 丁 대리, 丙 사원, 乙 사원				
회의안건	1. 개인 주간 스케줄 및 업무 점검 2. 2018년 하반기 전시 일정 조정				

	내 용	비 고

회의내용	1. 개인 주간 스케줄 및 업무 점검
	• 戊 팀장 : 하반기 전시 참여 기관 미팅,
	  외부 전시장 섭외
	• 丁 대리 : 하반기 전시 브로슈어 작업,
	  브로슈어 인쇄 업체 선정
	• 丙 사원 : 홈페이지 전시 일정 업데이트
	• 乙 사원 : 2018년 상반기 전시 만족도 조사
	
	2. 2018년 하반기 전시 일정 조정
	• 하반기 전시 기간 : 9~11월, 총 3개월
	• 전시 참여 기관 : A~I 총 9팀
	– 관내 전시장 6팀, 외부 전시장 3팀
	• 전시 일정 : 관내 2팀, 외부 1팀으로 3회 진행
		• 7월 7일 AM 10:00
		외부 전시장 사전답사
		(戊 팀장, 丁 대리)
		
		• 회의 종료 후, 전시 참여 기관
		에 일정 안내
		(7월 4일까지 변경 요청 없을
		시 그대로 확정)

장소 기간	관내 전시장	외부 전시장
9월	A, B	C
10월	D, E	F
11월	G, H	I

결정사항	내용	작 업 자	진행일정
	브로슈어 표지 이미지 샘플조사	丙 사원	2018. 7. 2~2018. 7. 3
	상반기 전시 만족도 설문조사	乙 사원	2018. 7. 2~2018. 7. 5

특이사항	다음 회의 일정 : 7월 9일 • 2018년 상반기 전시 만족도 확인 • 브로슈어 표지 결정, 내지 1차 시안 논의

① 이번 주 금요일 외부 전시장 사전 답사에는 戊 팀장과 丁 대리만 참석한다.

② 丙 사원은 이번 주에 홈페이지 전시 일정 업데이트만 하면 된다.

③ 7월 4일까지 전시 참여 기관에서 별도의 연락이 없었다면, H팀의 전시는 2018년 11월 관내 전시장에 볼 수 있다.

④ 2018년 하반기 전시는 ○○문화회관 관내 전시장에서만 열릴 예정이다.

> ✔해설 ① 외부 전시장 사전 답사일인 7월 7일은 토요일이다.
> ② 丙 사원은 개인 주간 스케줄인 '홈페이지 전시 일정 업데이트' 외에 7월 2일부터 7월 3일까지 '브로슈어 표지 이미지 샘플조사'를 하기로 결정되었다.
> ④ 2018년 하반기 전시는 관내 전시장과 외부 전시장에서 열릴 예정이다.

Answer 21.③

22 다음 중 거래처 관리를 위한 총무과장의 업무방식으로 가장 바람직한 것은?

① 같은 시장에 신규 유입 기업은 많으므로 가격 및 서비스 비교를 통해 적절한 업체로 자주 변경하는 것이 바람직하다.

② 사내 임원이나 지인의 추천으로 거래처를 소개받았을 경우에는 기존의 거래처에서 변경하는 것이 바람직하다.

③ 믿음과 신뢰를 바탕으로 한 번 선정된 업체는 변경하지 않고 동일조건 하에 계속 거래를 유지하는 것이 바람직하다.

④ 오랫동안 거래했던 업체라 하더라도 가끔 상호관계와 서비스에 대해 교차점검을 하는 것이 바람직하다.

> ✔ 해설 ① 잦은 업체 변경은 오히려 신뢰관계를 무너뜨릴 수 있으니 장기거래와 신규거래의 이점을 비교 분석해서 유리하게 활용하는 것이 필요하다.
> ② 단순한 주위의 추천보다는 서비스와 가격, 품질을 적절히 비교해서 업체를 선정해야 한다.
> ③ 한 번 선정된 업체라 하더라도 지속적으로 교차점검을 하여 거래의 유리한 조건으로 활용해야 한다.

23 다음은 □□기관 A 사원이 작성한 '도농(都農)교류 활성화 방안'이라는 보고서의 개요이다. 본론 I 을 바탕으로 구성한 본론II의 항목들로 적절하지 않은 것은?

A. 서론
  1. 도시와 농촌의 현재 상황과 미래 전망
  2. 생산적이고 쾌적한 농촌 만들기를 위한 도농교류의 필요성

B. 본론 I : 현재 실시되고 있는 도농교류제도의 문제점
  1. 행정적 차원
    1) 소규모의 일회성 사업 난립
    2) 지속적이고 안정적인 예산 확보 미비
    3) □□기관 내 일원화된 추진체계 미흡
  2. 소통적 차원
    1) 도시민들의 농촌에 대한 부정적 인식
    2) 농민들의 시장상황에 대한 정보 부족

C. 본론II : 도농교류 활성화를 위한 추진과제

D. 결론

① 지역별 브랜드화 전략을 통한 농촌 이미지 제고
② 도농교류사업 추진 건수에 따른 예산 배정
③ 1사1촌(1社1村) 운동과 같은 교류 프로그램 활성화
④ 도농교류 책임기관으로서 □□기관 산하에 도농교류센터 신설

해설 도농교류사업 추진 건수에 따라 예산을 배정할 경우, 소규모의 일회성 사업이 난립하게 된다. 또한 지속적이고 안정적인 예산 확보도 어렵다.
① 본론 I -2-1) 도시민들의 농촌에 대한 부정적 인식을 개선하기 위한 과제로 적절하다.
③ 본론 I -1-1) 소규모의 일회성 사업 난립에 대한 개선책으로 적설하다.
④ 본론 I -1-3) □□기관 내 일원화된 추진체계 미흡을 해결하기 위한 과제로 적절하다.

24 다음은 K방송국 신입사원 甲이 모니터링 업무를 하던 중 문제가 될 수 있는 보도 자료들을 수집한 것이다. 다음 중 그 문제의 성격이 다른 하나는?

> (가) 2004년 성매매특별법이 도입되었다. 한 지방경찰청의 범죄통계에 따르면 특별법 도입 직후 한 달 동안 성폭력 범죄 신고 및 강간사건의 수치가 지난 5년 동안의 월 평균보다 약간 높게 나타났다. 성범죄 수치는 계절과 주기별로 다르게 나타난다. K방송국 이 통계에 근거해 '성매매특별법 시행 이후 성범죄 급속히 늘어'라는 제목의 기사를 내었다.
>
> (나) 1994~1996년 사이 항공 사고로 인한 사망자가 적은 해에는 10명 미만, 많은 해에는 200~300명 발생하였다. 같은 기간 산업재해로 인한 사망자는 매년 5,000명 이상, 상해자는 700만 명 가량 발생하였다. 이 시기 K방송국은 항공 사고에 대한 보도를 50편 가량 발표했다. 반면, 위험한 장비와 관련한 안전사고, 비위생적 노동조건으로 인한 질병 등 산업재해로 인한 사망사건에 대한 보도는 거의 없었다.
>
> (다) 1996~1997년 사이 통계를 보면 미국 사회 전체에서 폭력사건으로 인한 사망자 수는 5,400명이었다. 이 가운데 학교에서 발생한 폭력사건으로 인한 사망자 수는 19명이었으며 10개 공립학교에서 발생했다. 이로부터 K방송국은 "시한폭탄 같은 10대들"이라는 제하에 헤드라인 기사로 청소년 폭력문제를 다루었고, 뉴스 프로그램을 통해 청소년들의 흉악한 행동이 미국 전역의 학교와 도시에서 만연하고 있다고 보도했다.
>
> (라) 1990~1997년 사이 교통사고로 인한 사망자 25만 명 중 난폭 운전에 의해 사망한 사람은 218명이었다. 그리고 같은 시기 부상을 당한 2,000만 명의 자동차 운전자들 가운데 난폭 운전자에 의해 사고를 당했다고 추정되는 사람은 전체 부상자의 0.1% 미만이었다. 이에 대해 K방송국은 "교통사고의 주범 난폭운전"이란 제하에 난폭운전으로 인한 인명피해가 최근 전국적으로 넘쳐나고 있다고 보도했다.

① (가)　　　　　　　　　　　② (나)

③ (다)　　　　　　　　　　　④ (라)

> ✔해설 (가), (다), (라)는 통계 조사 등의 결과를 과대 해석하여 보도하였다는 공통적인 문제가 있다. 반면 (나)의 경우는 같은 기간 훨씬 더 많이 발생한 산업재해 사망사건에 대해서는 거의 보도하지 않으면서, 상대적으로 적은 항공 사고에 대해서는 많은 보도를 발표하였다는 점에서 문제를 제기할 수 있다.

25 다음 문맥상 ㉠과 바꾸어 쓸 수 있는 단어를 탐구한 내용으로 가장 적절한 것은?

> 옛날 독서하는 사람에게는 다섯 가지 방법이 있었다. 첫 번째 방법은 박학(博學)이다. 곧 두루 혹은 널리 배운다는 것이다. 두 번째 방법은 심문(審問)이다. 곧 자세히 묻는다는 것이다. 세 번째 방법은 신사(愼思)로서 신중하게 생각한다는 것이다. 네 번째 방법은 명변(明辯)인데 명백하게 분별한다는 것이다. 마지막 다섯 번째 방법은 독행(篤行)으로 곧 진실한 마음으로 성실하게 실천한다는 것이다.
>
> 그런데 오늘날 독서하는 사람은 두루 혹은 널리 배운다는 박학에만 집착할 뿐 심문을 비롯한 네 가지 방법에 대해서는 관심조차 두지 않는다. 또한 한나라 시대 유학자의 학설이라면 그 요점과 본줄기도 따져 보지 않고, 그 끝맺는 취지도 ㉠살피지 않은 채 오로지 한마음으로 믿고 추종한다. 이 때문에 가깝게는 마음을 다스리고 성품을 찾을 생각은 하지도 않고, 멀게는 세상을 올바르게 인도하고 백성을 잘 다스리는 일에 대해서는 관심조차 두지 않는다. 오로지 자신만이 널리 듣고 많이 기억하며, 시나 문장을 잘 짓고 논리나 주장을 잘 펼치는 것을 자랑삼아 떠벌리면서 '세상은 고루하다'고 비웃고 다닌다.

① 한 곳을 똑바로 바라본다는 뜻이니 '응시(凝視)하지'로 바꿀 수 있겠군.

② 생각하고 헤아려 본다는 뜻이니 '고려(考慮)하지'로 바꿀 수 있겠군.

③ 자기의 마음을 반성하고 살핀다는 뜻이니 '성찰(省察)하지'로 바꿀 수 있겠군.

④ 일을 해결할 수 있는 방법을 찾는다는 뜻이니 '모색(摸索)하지'로 바꿀 수 있겠군.

> ✔ 해설 ㉠은 '자세히 따지거나 헤아려 보다'의 의미로 쓰였다. 따라서 바꾸어 쓸 수 있는 단어를 탐구한 내용으로는 ②가 가장 적절하다.

CHAPTER 02 문제해결능력

01 문제와 문제해결

(1) 문제의 정의와 분류

① 정의 : 업무를 수행함에 있어서 답을 요구하는 질문이나 의논하여 해결해야 되는 사항이다.

② 문제의 분류

구분	창의적 문제	분석적 문제
문제제시 방법	현재 문제가 없더라도 보다 나은 방법을 찾기 위한 문제 탐구→문제 자체가 명확하지 않음	현재의 문제점이나 미래의 문제로 예견될 것에 대한 문제 탐구→문제 자체가 명확함
해결방법	창의력에 의한 많은 아이디어의 작성을 통해 해결	분석, 논리, 귀납과 같은 논리적 방법을 통해 해결
해답 수	해답의 수가 많으며, 많은 답 가운데 보다 나은 것을 선택	답의 수가 적으며 한정되어 있음
주요특징	주관적, 직관적, 감각적, 정성적, 개별적, 특수성	객관적, 논리적, 정량적, 이성적, 일반적, 공통성

(2) 업무수행과정에서 발생하는 문제 유형

① 발생형 문제(보이는 문제) : 현재 직면하여 해결하기 위해 고민하는 문제이다. 원인이 내재되어 있기 때문에 원인지향적인 문제라고도 한다.

　㉠ 일탈문제 : 어떤 기준을 일탈함으로써 생기는 문제

　㉡ 미달문제 : 어떤 기준에 미달하여 생기는 문제

② 탐색형 문제(찾는 문제) : 현재의 상황을 개선하거나 효율을 높이기 위한 문제이다. 방치할 경우 큰 손실이 따르거나 해결할 수 없는 문제로 나타나게 된다.

　㉠ 잠재문제 : 문제가 잠재되어 있어 인식하지 못하다가 확대되어 해결이 어려운 문제

　㉡ 예측문제 : 현재로는 문제가 없으나 현 상태의 진행 상황을 예측하여 찾아야 앞으로 일어날 수 있는 문제가 보이는 문제

ⓒ 발견문제 : 현재로서는 담당 업무에 문제가 없으나 선진기업의 업무 방법 등 보다 좋은 제도나 기법을 발견하여 개선시킬 수 있는 문제

③ 설정형 문제(미래 문제) : 장래의 경영전략을 생각하는 것으로 앞으로 어떻게 할 것인가 하는 문제이다. 문제해결에 창조적인 노력이 요구되어 창조적 문제라고도 한다.

예제 1

D회사 신입사원으로 입사한 귀하는 신입사원 교육에서 업무수행과정에서 발생하는 문제 유형 중 설정형 문제를 하나씩 찾아오라는 지시를 받았다. 이에 대해 귀하는 교육받은 내용을 다시 복습하려고 한다. 설정형 문제에 해당하는 것은?

① 현재 직면하여 해결하기 위해 고민하는 문제
② 현재의 상황을 개선하거나 효율을 높이기 위한 문제
③ 앞으로 어떻게 할 것인가 하는 문제
④ 원인이 내재되어 있는 원인지향적인 문제

출제의도

업무수행 중 문제가 발생하였을 때 문제 유형을 구분하는 능력을 측정하는 문항이다.

해 설

업무수행과정에서 발생하는 문제 유형으로는 발생형 문제, 탐색형 문제, 설정형 문제가 있으며 ①④는 발생형 문제이며 ②는 탐색형 문제, ③이 설정형 문제이다.

답 ③

---

(3) 문제해결

① 정의 : 목표와 현상을 분석하고 이 결과를 토대로 과제를 도출하여 최적의 해결책을 찾아 실행·평가해 가는 활동이다.

② 문제해결에 필요한 기본적 사고

ⓐ 전략적 사고 : 문제와 해결방안이 상위 시스템과 어떻게 연결되어 있는지를 생각한다.

ⓑ 분석적 사고 : 전체를 각각의 요소로 나누어 그 의미를 도출하고 우선순위를 부여하여 구체적인 문제해결방법을 실행한다.

ⓒ 발상의 전환 : 인식의 틀을 전환하여 새로운 관점으로 바라보는 사고를 지향한다.

ⓓ 내·외부자원의 활용 : 기술, 재료, 사람 등 필요한 자원을 효과적으로 활용한다.

③ 문제해결의 장애요소

ⓐ 문제를 철저하게 분석하지 않는 경우

ⓑ 고정관념에 얽매이는 경우

ⓒ 쉽게 떠오르는 단순한 정보에 의지하는 경우

ⓓ 너무 많은 자료를 수집하려고 노력하는 경우

④ 문제해결방법

　　㉠ 소프트 어프로치 : 문제해결을 위해서 직접적인 표현보다는 무언가를 시사하거나 암시를 통하여
　　　의사를 전달하여 문제해결을 도모하고자 한다.

　　㉡ 하드 어프로치 : 상이한 문화적 토양을 가지고 있는 구성원을 가정하고, 서로의 생각을 직설적으
　　　로 주장하고 논쟁이나 협상을 통해 서로의 의견을 조정해 가는 방법이다.

　　㉢ 퍼실리테이션(facilitation) : 촉진을 의미하며 어떤 그룹이나 집단이 의사결정을 잘 하도록 도와
　　　주는 일을 의미한다.

02　문제해결능력을 구성하는 하위능력

(1) 사고력

① 창의적 사고 : 개인이 가지고 있는 경험과 지식을 통해 새로운 가치 있는 아이디어를 산출하는 사고능력
　이다.

　　㉠ 창의적 사고의 특징
　　　• 정보와 정보의 조합
　　　• 사회나 개인에게 새로운 가치 창출
　　　• 창조적인 가능성

예제 2

M사 홍보팀에서 근무하고 있는 귀하는 입사 5년차로 창의적인 기획안을 제출
하기로 유명하다. S부장은 이번 신입사원 교육 때 귀하에게 창의적인 사고란
무엇인지 교육을 맡아달라고 부탁하였다. 창의적인 사고에 대한 귀하의 설명으
로 옳지 않은 것은?

① 창의적인 사고는 새롭고 유용한 아이디어를 생산해 내는 정신적인 과정이다.
② 창의적인 사고는 특별한 사람들만이 할 수 있는 대단한 능력이다.
③ 창의적인 사고는 기존의 정보들을 특정한 요구조건에 맞거나 유용하도록 새롭게
　조합시킨 것이다.
④ 창의적인 사고는 통상적인 것이 아니라 기발하거나, 신기하며 독창적인 것이다.

출제의도

창의적 사고에 대한 개념을 정확히
파악하고 있는지를 묻는 문항이다.

해　설

흔히 사람들은 창의적인 사고에 대해
특별한 사람들만이 할 수 있는 대단
한 능력이라고 생각하지만 그리 대단
한 능력이 아니며 이미 알고 있는 경
험과 지식을 해체하여 다시 새로운
정보로 결합하여 가치 있는 아이디어
를 산출하는 사고라고 할 수 있다.

 ②

ⓒ 발산적 사고 : 창의적 사고를 위해 필요한 것으로 자유연상법, 강제연상법, 비교발상법 등을 통해 개발할 수 있다.

구분	내용
자유연상법	생각나는 대로 자유롭게 발상 ex) 브레인스토밍
강제연상법	각종 힌트에 강제적으로 연결 지어 발상 ex) 체크리스트
비교발상법	주제의 본질과 닮은 것을 힌트로 발상 ex) NM법, Synectics

POINT 브레인스토밍

ⓐ 진행방법
- 주제를 구체적이고 명확하게 정한다.
- 구성원의 얼굴을 볼 수 있는 좌석 배치와 큰 용지를 준비한다.
- 구성원들의 다양한 의견을 도출할 수 있는 사람을 리더로 선출한다.
- 구성원은 다양한 분야의 사람들로 5~8명 정도로 구성한다.
- 발언은 누구나 자유롭게 할 수 있도록 하며, 모든 발언 내용을 기록한다.
- 아이디어에 대한 평가는 비판해서는 안 된다.

ⓑ 4대 원칙
- 비판엄금(Support) : 평가 단계 이전에 결코 비판이나 판단을 해서는 안 되며 평가는 나중까지 유보한다.
- 자유분방(Silly) : 무엇이든 자유롭게 말하고 이런 바보 같은 소리를 해서는 안 된다는 등의 생각은 하지 않아야 한다.
- 질보다 양(Speed) : 질에는 관계없이 가능한 많은 아이디어들을 생성해내도록 격려한다.
- 결합과 개선(Synergy) : 다른 사람의 아이디어에 자극되어 보다 좋은 생각이 떠오르고, 서로 조합하면 재미있는 아이디어가 될 것 같은 생각이 들면 즉시 조합시킨다.

② 논리적 사고 : 사고의 전개에 있어 전후의 관계가 일치하고 있는가를 살피고 아이디어를 평가하는 사고능력이다.

ⓐ 논리적 사고를 위한 5가지 요소 : 생각하는 습관, 상대 논리의 구조화, 구체적인 생각, 타인에 대한 이해, 설득

ⓑ 논리적 사고 개발 방법

- 피라미드 구조 : 하위의 사실이나 현상부터 사고하여 상위의 주장을 만들어가는 방법
- so what기법 : '그래서 무엇이지?'하고 자문자답하여 주어진 정보로부터 가치 있는 정보를 이끌어 내는 사고 기법

③ 비판적 사고 : 어떤 주제나 주장에 대해서 적극적으로 분석하고 종합하며 평가하는 능동적인 사고이다.

ⓐ 비판적 사고 개발 태도 : 비판적 사고를 개발하기 위해서는 지적 호기심, 객관성, 개방성, 융통성, 지적 회의성, 지적 정직성, 체계성, 지속성, 결단성, 다른 관점에 대한 존중과 같은 태도가 요구된다.

ⓑ 비판적 사고를 위한 태도

- 문제의식 : 비판적인 사고를 위해서 가장 먼저 필요한 것은 바로 문제의식이다. 자신이 지니고 있는 문제와 목적을 확실하고 정확하게 파악하는 것이 비판적인 사고의 시작이다.
- 고정관념 타파 : 지각의 폭을 넓히는 일은 정보에 대한 개방성을 가지고 편견을 갖지 않는 것으로 고정관념을 타파하는 일이 중요하다.

(2) 문제처리능력과 문제해결절차

① 문제처리능력 : 목표와 현상을 분석하고 이를 토대로 문제를 도출하여 최적의 해결책을 찾아 실행 · 평가하는 능력이다.

② 문제해결절차 : 문제 인식 → 문제 도출 → 원인 분석 → 해결안 개발 → 실행 및 평가

  ⊙ 문제 인식 : 문제해결과정 중 'what'을 결정하는 단계로 환경 분석 → 주요 과제 도출 → 과제 선정 의 절차를 통해 수행된다.

  • 3C 분석 : 환경 분석 방법의 하나로 사업환경을 구성하고 있는 요소인 자사(Company), 경쟁사 (Competitor), 고객(Customer)을 분석하는 것이다.

예제 3

L사에서 주력 상품으로 밀고 있는 TV의 판매 이익이 감소하고 있는 상황에서 귀하는 B부장으로부터 3C분석을 통해 해결방안을 강구해 오라는 지시를 받았다. 다음 중 3C에 해당하지 않는 것은?

① Customer ② Company
③ Competitor ④ Content

출제의도

3C의 개념과 구성요소를 정확히 숙지하고 있는지를 측정하는 문항이다.

해 설

3C 분석에서 사업 환경을 구성하고 있는 요소인 자사(Company), 경쟁사(Competitor), 고객을 3C(Customer)라고 한다. 3C 분석에서 고객 분석에서는 '고객은 자사의 상품 · 서비스에 만족하고 있는지'를, 자사 분석에서는 '자사가 세운 달성목표와 현상 간에 차이가 없는지'를 경쟁사 분석에서는 '경쟁 기업의 우수한 점과 자사의 현상과 차이가 없는지'에 대한 질문을 통해서 환경을 분석하게 된다.

답 ④

  • SWOT 분석 : 기업내부의 강점과 약점, 외부환경의 기회와 위협요인을 분석 · 평가하여 문제해결 방안을 개발하는 방법이다.

		내부환경요인	
		강점(Strengths)	약점(Weaknesses)
외부환경요인	기회 (Opportunities)	SO 내부강점과 외부기회 요인을 극대화	WO 외부기회를 이용하여 내부약점을 강점으로 전환
	위협 (Threat)	ST 외부위협을 최소화하기 위해 내부강점을 극대화	WT 내부약점과 외부위협을 최소화

ⓒ 문제 도출 : 선정된 문제를 분석하여 해결해야 할 것이 무엇인지를 명확히 하는 단계로, 문제 구조 파악→핵심 문제 선정 단계를 거쳐 수행된다.

• Logic Tree : 문제의 원인을 파고들거나 해결책을 구체화할 때 제한된 시간 안에서 넓이와 깊이를 추구하는데 도움이 되는 기술로 주요 과제를 나무모양으로 분해·정리하는 기술이다.

ⓒ 원인 분석 : 문제 도출 후 파악된 핵심 문제에 대한 분석을 통해 근본 원인을 찾는 단계로 Issue 분석→Data 분석→원인 파악의 절차로 진행된다.

ⓔ 해결안 개발 : 원인이 밝혀지면 이를 효과적으로 해결할 수 있는 다양한 해결안을 개발하고 최선의 해결안을 선택하는 것이 필요하다.

ⓜ 실행 및 평가 : 해결안 개발을 통해 만들어진 실행계획을 실제 상황에 적용하는 활동으로 실행계획 수립→실행→Follow-up의 절차로 진행된다.

예제 4

C사는 최근 국내 매출이 지속적으로 하락하고 있어 사내 분위기가 심상치 않다. 이에 대해 Y부장은 이 문제를 극복하고자 문제처리 팀을 구성하여 해결방안을 모색하도록 지시하였다. 문제처리 팀의 문제해결 절차를 올바른 순서로 나열한 것은?

① 문제 인식→원인 분석→해결안 개발→문제 도출→실행 및 평가
② 문제 도출→문제 인식→해결안 개발→원인 분석→실행 및 평가
③ 문제 인식→원인 분석→문제 도출→해결안 개발→실행 및 평가
④ 문제 인식→문제 도출→원인 분석→해결안 개발→실행 및 평가

출제의도

실제 업무 상황에서 문제가 일어났을 때 해결 절차를 알고 있는지를 측정하는 문항이다.

해 설

일반적인 문제해결절차는 '문제 인식→문제 도출→원인 분석→해결안 개발→실행 및 평가'로 이루어진다.

답 ④

출제예상문제

1 다음 두 사건은 별개의 사건으로 다음이 조건을 따를 때 옳은 것은?

〈사건 1〉
가인 : 저는 빵을 훔치지 않았어요.
나은 : 다영이는 절대 빵을 훔치지 않았어요.
다영 : 제가 빵을 훔쳤습니다.
그런데 나중에 세 명 중 두 명은 거짓말을 했다고 자백하였고, 빵을 훔친 사람은 한 명이라는 것이 밝혀졌다.

〈사건 2〉
라희 : 저는 결코 창문을 깨지 않았습니다.
마준 : 라희의 말이 맞습니다.
바은 : 제가 창문을 깼습니다.
그런데 나중에 창문을 깬 사람은 한 명이고 그 범인은 거짓말을 했다는 것이 밝혀졌다.

① 가인이의 진술은 참이었다.
② 사건 2에서 참을 말한 사람이 1명 이상이다.
③ 마준이의 진술은 거짓이다.
④ 나은이는 거짓을 말하지 않았다.

✔ 해설 주어진 조건에 따라 범인을 가정하여 진술을 판단하면 다음과 같다.

〈사건 1〉

진술 \ 범인	가인	나은	다영
가인	거짓	참	참
나은	참	참	거짓
다영	거짓	거짓	참

〈사건 2〉

진술 \ 범인	라희	마준	바은
라희	거짓	참	참
마준	거짓	참	참
바은	거짓	거짓	참

따라서 〈사건 1〉의 범인은 가인, 〈사건 2〉의 범인은 라희이다.

2 다음은 G팀의 해외지사 발령자 선발 방식에 대한 설명이다. 다음에 대한 설명으로 옳지 않은 것은?

> G팀은 지망자 5명(A~E) 중 한 명을 해외지사 발령자로 추천하기 위하여 각각 5회의 평가를 실시하고, 그 결과에 바탕을 둔 추첨을 하기로 했다. 평가 및 추첨 방식과 현재까지 진행된 평가 결과는 아래와 같다.
>
> ○ 매 회 10점 만점으로 1점 단위의 점수를 매기며, 10점을 얻은 지망자에게는 5장의 카드, 9점을 얻은 지망자에게는 2장의 카드, 8점을 얻은 지망자에게는 1장의 카드를 부여한다. 7점 이하를 얻은 지망자에게는 카드를 부여하지 않는다.
>
> ○ 5회차 평가 이후 각 지망자는 자신이 받은 모든 카드에 본인의 이름을 적고, 추첨함에 넣는다. 다만 5번의 평가의 총점이 40점 미만인 지망자는 본인의 카드를 추첨함에 넣지 못한다.
>
> ○ G팀장은 추첨함에서 한 장의 카드를 무작위로 뽑아 카드에 이름이 적힌 지망자를 G팀의 해외지사 발령자로 추천한다.

구분	1회	2회	3회	4회	5회
A	9	9	9	9	
B	8	8	7	7	
C	9	7	9	7	
D	7	7	7	7	
E	8	8	9	8	

① 5회차에서 B만 10점을 받는다면 적어도 D보다는 추천될 확률이 높다.

② C가 5회차에서 9점만 받아도 E보다 추천될 확률이 높아진다.

③ D는 5회차 평가 점수와 관계없이 추첨함에 카드를 넣지 못한다.

④ 5회차에 모두가 같은 점수를 받는다면 A가 추천될 확률이 가장 높다.

> ✔해설 ② C와 E는 4회차까지 4장, 5장의 카드를 확보했다. C가 5회차에 2장의 카드를 추가하게 되면 6장으로 4회차의 E보다는 카드가 많지만 E가 5회차에 8점 이상의 점수를 획득할 경우 E의 카드는 6장 이상이 되므로 C가 E보다 추천될 확률이 높다고 할 수 없다.
>
> ① 5회차에서 B만 10점을 받는다고 했으므로 D가 9점을 받더라도 B가 추천될 확률이 더 높다.
>
> ③ D는 5회차 점수와 상관없이 총점이 40점을 넘지 못하여 추첨함에 카드를 넣을 수 없다.
>
> ④ 5회차에 모두 같은 점수를 받는다면 전원이 추가되는 카드 수가 같으므로 4회차까지 획득한 카드의 수기 가장 많은 A가 추천될 확률이 가장 높나.

3 △△사는 신사업 개발팀 결성을 위해 기존의 A~H팀의 예산을 줄이기로 하였다. △△사는 다음의 조건에 따라 예산을 감축하기로 하였다. 다음 중 옳지 않은 것을 고르면?

〈조건〉
㉠ 만약 금융팀 예산을 감축하면, 총무팀의 예산은 감축되지 않는다.
㉡ 만약 관리팀 예산을 감축하면, 영업팀과 디자인팀의 예산은 감축하지 않는다.
㉢ 만약 인사팀과 디자인팀이 모두 예산을 감축하면, 기획팀의 예산도 감축된다.
㉣ 총무팀, 기획팀, 영업팀 가운데 두 팀만 예산을 감축한다.

① 만약 기획팀과 영업팀의 예산이 감축된다면 총무팀과 관리팀은 예산이 감축되지 않는다.
② 만약 관리팀의 예산이 감축되면 인사팀이나 디자인팀의 예산이 감축되지 않는다.
③ 만약 총무팀의 예산이 감축되면 금융팀의 예산은 감축되지 않는다.
④ 만약 관리팀의 예산이 감축되면 총무팀과 기획팀의 예산이 감축된다.

✔ 해설 ② 관리팀의 예산이 감축되면 영업팀과 디자인팀의 예산이 감축되지 않고 ㉣에 따라 총무팀, 기획팀의 예산이 감축된다. ㉢의 대우 명제 '기획팀 예산이 감축되지 않으면 인사팀이나 디자인팀의 예산이 감축되지 않는다'는 참이지만 기획팀의 예산이 감축될 것이므로 옳지 않다.
① 기획팀과 영업팀의 예산이 감축되면 ㉣에 따라 총무팀은 예산이 감축되지 않고 ㉡의 대우 명제인 '영업팀이나 디자인팀의 예산이 감축되면 관리팀의 예산이 감축되지 않는다'에 따라 관리팀의 예산도 감축되지 않는다.
③ 총무팀의 예산이 감축될 경우 조건 ㉠의 대우 명제에 따라 금융팀의 예산은 감축되지 않는다.
④ 관리팀의 예산이 감축되면 영업팀과 디자인팀의 예산이 감축되지 않고 ㉣에 따라 총무팀, 기획팀의 예산이 감축된다.

4 영주는 현재 거주하고 있는 A주택의 소유자이며, 소득 인정액이 중위소득 40%에 해당한다. A주택의 노후도 평가 결과, 지붕의 수선이 필요한 주택보수비용 지원 대상에 선정되었다. 영주가 지원받을 수 있는 주택보수비용의 최대 액수는?

○ 주택을 소유하고 해당 주택에 거주하는 가구를 대상으로 주택 노후도 평가를 실시하여 그 결과(경·중·대보수)에 따라 아래와 같이 주택보수비용을 지원

〈주택보수비용 지원 내용〉

구분	경보수	중보수	대보수
보수항목	도배 혹은 장판	수도시설 혹은 난방시설	지붕 혹은 기둥
주택당 보수비용 지원한도액	350만 원	650만 원	950만 원

○ 소득인정액에 따라 위 보수비용 지원한도액의 80~100%를 차등지원

구분	중위소득 25%미만	중위소득 25% 이상 35% 미만	중위소득 35% 이상 43% 미만
지원율	100%	90%	80%

① 520만 원

② 650만 원

③ 760만 원

④ 855만 원

✔ 해설 영주는 중위소득이 40%라고 했으므로 보수비용의 80%를 지원 받을 수 있다. 영주의 집은 지붕보수가 필요하며 보수비용은 950만 원이며 여기에 80%인 760만 원을 지원받을 수 있다.

5　다음은 3C 분석을 위한 도표이다. 빈칸에 들어갈 질문으로 옳지 않은 것은?

구분	내용
고객/시장(Customer)	• 우리의 현재와 미래의 고객은 누구인가? • ㉠ • ㉡ • 시장의 주 고객들의 속성과 특성은 어떠한가?
경쟁사(Competitor)	• ㉢ • 현재의 경쟁사들의 강점과 약점은 무엇인가? • ㉣
자사(Company)	• 해당 사업이 기업의 목표와 일치하는가? • 기존 사업의 마케팅과 연결되어 시너지효과를 낼 수 있는가?

① ㉠ : 새로운 경쟁사들이 시장에 진입할 가능성은 없는가?

② ㉡ : 성장 가능성이 있는 사업인가?

③ ㉢ : 고객들은 경쟁사에 대해 어떤 이미지를 가지고 있는가?

④ ㉣ : 경쟁사의 최근 수익률 동향은 어떠한가?

✔ 해설　① 새로운 경쟁사들이 시장에 진입할 가능성은 경쟁사(Competitor) 분석에 들어가야 할 질문이다.

6 M사의 총무팀에서는 A 부장, B 차장, C 과장, D 대리, E 대리, F 사원이 각각 매 주말마다 한 명씩 사회봉사활동에 참여하기로 하였다. 이들이 다음 〈보기〉에 따라 사회봉사활동에 참여할 경우, 두 번째 주말에 참여할 수 있는 사람으로 짝지어진 것은 어느 것인가?

〈보기〉
1. B 차장은 A 부장보다 먼저 봉사활동에 참여한다.
2. C 과장은 D 대리보다 먼저 봉사활동에 참여한다.
3. B 차장은 첫 번째 주 또는 세 번째 주에 봉사활동에 참여한다.
4. E 대리는 C 과장보다 먼저 봉사활동에 참여하며, E 대리와 C 과장이 참여하는 주말 사이에 는 두 번의 주말이 있다.

---

① A 부장, B 차장
② D 대리, E 대리
③ E 대리, F 사원
④ B 차장, C 과장, D 대리

✔해설 〈보기〉에 주어진 조건대로 고정된 순서를 정리하면 다음과 같다.
• B 차장 > A 부장
• C 과장 > D 대리
• E 대리 > ? > ? > C 과장
따라서 E 대리 > ? > ? > C 과장 > D 대리의 순서가 성립되며, 이 상태에서 경우의 수를 따져보면 다음과 같다.
㉠ B 차장이 첫 번째인 경우라면, 세 번째와 네 번째는 A 부장과 F 사원(또는 F 사원과 A 부장)이 된다.
 • B 차장 > E 대리 > A 부장 > F 사원 > C 과장 > D 대리
 • B 차장 > E 대리 > F 사원 > A 부장 > C 과장 > D 대리
㉡ B 차장이 세 번째인 경우는 E 대리의 바로 다음인 경우와 C 과장의 바로 앞인 두 가지의 경우가 있을 수 있다.
 • E 대리의 바로 다음인 경우 : F 사원 > E 대리 > B 차장 > A 부장 > C 과장 > D 대리
 • C 과장의 바로 앞인 경우 : E 대리 > F 사원 > B 차장 > C 과장 > D 대리 > A 부장
따라서 위에서 정리된 바와 같이 가능한 네 가지의 경우에서 두 번째로 사회봉사활동을 갈 수 있는 사람은 E 대리와 F 사원 밖에 없다.

7 甲회사 인사부에 근무하고 있는 H부장은 각 과의 요구를 모두 충족시켜 신규직원을 배치하여야 한다. 각 과의 요구가 다음과 같을 때 홍보과에 배정되는 사람은 누구인가?

〈신규직원 배치에 대한 각 과의 요구〉
• 관리과 : 5급이 1명 배정되어야 한다.
• 홍보과 : 5급이 1명 배정되거나 6급이 2명 배정되어야 한다.
• 재무과 : B가 배정되거나 A와 E가 배정되어야 한다.
• 총무과 : C와 D가 배정되어야 한다.

〈신규직원〉
• 5급 2명(A, B)
• 6급 4명(C, D, E, F)

① A   ② B
③ C와 D   ④ E와 F

✔ 해설 주어진 조건을 보면 관리과와 재무과에는 반드시 각각 5급이 1명씩 배정되고, 총무과에는 6급 2명이 배정된다. 인원수를 따져보면 홍보과에는 5급을 배정할 수 없기 때문에 6급이 2명 배정된다. 6급 4명 중에 C와 D는 총무과에 배정되므로 홍보과에 배정되는 사람은 E와 F이다. 각 과별로 배정되는 사람을 정리하면 다음과 같다.

관리과	A
홍보과	E, F
재무과	B
총무과	C, D

┃8~9┃ 다음은 ○○협회에서 주관한 학술세미나 일정에 관한 것으로 다음 세미나를 준비하는 데 필요한 일, 각각의 일에 걸리는 시간, 일의 순서 관계를 나타낸 표이다. 제시된 표를 바탕으로 물음에 답하시오. (단, 모든 작업은 동시에 진행할 수 없다)

▣ 세미나 준비 현황

구분	작업	작업시간(일)	먼저 행해져야 할 작업
가	세미나 장소 세팅	1	바
나	현수막 제작	2	다, 마
다	세미나 발표자 선정	1	라
라	세미나 기본계획 수립	2	없음
마	세미나 장소 선정	3	라
바	초청자 확인	2	라

8 현수막 제작을 시작하기 위해서는 최소 며칠이 필요하겠는가?

① 3일 　　　　　　　　　② 4일
③ 5일 　　　　　　　　　④ 6일

> ✔해설 현수막을 제작하기 위해서는 라, 다, 마가 선행되어야 한다. 따라서 세미나 기본계획 수립(2일) + 세미나 발표자 선정(1일) + 세미나 장소 선정(3일) = 최소한 6일이 소요된다.

9 세미나 기본계획 수립에서 세미나 장소 세팅까지 모든 작업을 마치는 데 필요한 시간은?

① 10일 　　　　　　　　　② 11일
③ 12일 　　　　　　　　　④ 13일

> ✔해설 각 작업에 걸리는 시간을 모두 더하면 총 11일이다.

10 ○○정유회사에 근무하는 N씨는 상사로부터 다음과 같은 지시를 받았다. 다음 중 N씨가 표를 구성할 방식으로 가장 적절한 것은?

> 상사 : 이 자료를 간단하게 표로 작성해 줘. 다른 부분은 필요 없고, 어제 원유의 종류에 따라 전일 대비 각각 얼마씩 오르고 내렸는지 그 내용만 있으면 돼. 우리나라는 전국 단위만 표시하도록 하고. 한눈에 자료의 내용이 들어올 수 있도록, 알겠지?

자료

주요 국제유가는 중국의 경제성장률이 시장 전망치와 큰 차이를 보이지 않으면서 사흘째 올랐다. 우리나라 유가는 하락세를 지속했으나, 다음 주에는 상승세로 전환될 전망이다.

한국석유공사는 오늘(14일) 석유정보망(http://www.petronet.co.kr/)을 통해 13일 미국 뉴욕상업거래소에서 8월 인도분 서부텍사스산 원유(WTI)는 배럴당 87.10달러로 전날보다 1.02달러 오르면서 장을 마쳤다며 이같이 밝혔다. 또한 영국 런던 ICE선물시장에서 북해산 브렌트유도 배럴당 102.80달러로 전날보다 1.73달러 상승세로 장을 마감했다.

이는 중국의 지난 2·4분기 국내총생산(GDP)이 작년 동기 대비 7.6% 성장, 전분기(8.1%)보다 낮아졌으며 시장 전망을 벗어나지 않으면서 유가 상승세를 이끌었다고 공사 측은 분석했다. 이로 인해 중국 정부가 추가 경기 부양에 나설 것이라는 전망도 유가 상승에 힘을 보탰다.

13일 전국 주유소의 리터(ℓ)당 평균 휘발유가격은 1천892.14원, 경유가격은 1천718.72원으로 전날보다 각각 0.20원, 0.28원 떨어졌다. 이를 지역별로 보면 휘발유가격은 현재 전날보다 소폭 오른 경기·광주·대구를 제외하고 서울(1천970.78원, 0.02원↓) 등 나머지 지역에서는 인하됐다.

한편, 공사는 내주(15일~21일) 전국 평균 휘발유가격을 1천897원, 경유가격을 1천724원으로 예고, 이번 주 평균가격보다 각각 3원, 5원 오를 전망이다.

①

원유 종류	13일 가격	전일 대비
WTI	87.10 (달러/배럴)	▲ 1.02
북해산 브렌트유	102.80 (달러/배럴)	▲ 1.73
전국 휘발유	1892.14 (원/리터)	▼ 0.20
전국 경유	1718.72 (원/리터)	▼ 0.28

②

원유 종류	13일 가격	자료출처
WTI	87.10 (달러/배럴)	
북해산 브렌트유	102.80 (달러/배럴)	석유정보망
전국 휘발유	1892.14 (원/리터)	(http://www.petronet.co.kr/)
전국 경유	1718.72 (원/리터)	

③

원유 종류	13일 가격	등락 폭
전국 휘발유	1892.14 (원/리터)	0.20 하락
서울 휘발유	1970.78 (원/리터)	0.02 하락
경기 · 광주 · 대구 휘발유	1718.12 (원/리터)	0.28 상승

④

원유 종류	내주 예상 가격	금주 대비	자료출처
전국 휘발유	1897 (원/리터)	▲ 3.0	한국석유공사
전국 경유	1724 (원/리터)	▲ 5.0	

✔ 해설 상사가 '다른 부분은 필요 없고, 어제 원유의 종류에 따라 전일 대비 각각 얼마씩 오르고 내렸는지 그 내용만 있으면 돼.'라고 하였다. 따라서 어제인 13일자 원유 가격을 종류별로 표시하고, 전일 대비 등락 폭을 한눈에 파악하기 쉽게 기호로 나타내 줘야 한다. 또한 '우리나라는 전국 단위만 표시하도록' 하였으므로 13일자 전국 휘발유와 전국 경유 가격을 마찬가지로 정리하면 ①과 같다.

Answer 10.①

11 다음으로부터 바르게 추론한 것으로 옳은 것을 보기에서 고르면?

> - 5개의 갑, 을, 병, 정, 무 팀이 있다.
> - 현재 '갑'팀은 0개, '을'팀은 1개, '병'팀은 2개, '정'팀은 2개, '무'팀은 3개의 프로젝트를 수행하고 있다.
> - 8개의 새로운 프로젝트 a, b, c, d, e, f, g, h를 5개의 팀에게 분배하려고 한다.
> - 5개의 팀은 새로운 프로젝트 1개 이상을 맡아야 한다.
> - 기존에 수행하던 프로젝트를 포함하여 한 팀이 맡을 수 있는 프로젝트 수는 최대 4개이다.
> - 기존의 프로젝트를 포함하여 4개의 프로젝트를 맡은 팀은 2팀이다.
> - 프로젝트 a, b는 한 팀이 맡아야 한다.
> - 프로젝트 c, d, e는 한 팀이 맡아야 한다.

〈보기〉

㉠ a를 '을'팀이 맡을 수 없다.
㉡ f를 '갑'팀이 맡을 수 있다.
㉢ 기존에 수행하던 프로젝트를 포함해서 2개의 프로젝트를 맡는 팀이 있다.

① ㉠   ② ㉡
③ ㉢   ④ ㉠㉢

✔해설 ㉠ a를 '을'팀이 맡는 경우 : 4개의 프로젝트를 맡은 팀이 2팀이라는 조건에 어긋난다. 따라서 a를 '을'팀이 맡을 수 없다.

갑	c, d, e	0→3개
을	a, b	1→3개
병		2→3개
정		2→3개
무		3→4개

㉡ f를 '갑'팀이 맡는 경우 : a, b를 '병'팀 혹은 '정'팀이 맡게 되는데 4개의 프로젝트를 맡은 팀이 2팀이라는 조건에 어긋난다. 따라서 f를 '갑'팀이 맡을 수 없다.

갑	f	0→1개
을	c, d, e	1→4개
병	a, b	2→4개
정		2→3개
무		3→4개

ⓒ a, b를 '갑'팀이 맡는 경우 기존에 수행하던 프로젝트를 포함해서 2개의 프로젝트를 맡게 된다.

갑	a, b	0→2개
을	c, d, e	1→4개
병		2→3개
정		2→3개
무		3→4개

12 사과 사탕, 포도 사탕, 딸기 사탕이 각각 2개씩 있다. 甲~戊 다섯 명의 사람 중 한 명이 사과 사탕 1개와 딸기 사탕 1개를 함께 먹고, 다른 네 명이 남은 사탕을 각각 1개씩 먹었다. 모두 진실을 말하였다고 할 때, 사과 사탕 1개와 딸기 사탕 1개를 함께 먹은 사람과 戊가 먹은 사탕을 옳게 짝지은 것은?

> 甲 : 나는 포도 사탕을 먹지 않았어.
> 乙 : 나는 사과 사탕만을 먹었어.
> 丙 : 나는 사과 사탕을 먹지 않았어.
> 丁 : 나는 사탕을 한 종류만 먹었어.
> 戊 : 너희 말을 다 듣고 아무리 생각해봐도 나는 딸기 사탕을 먹은 사람 두 명 다 알 수는 없어.

① 甲, 포도 사탕 1개
② 甲, 딸기 사탕 1개
③ 丙, 포도 사탕 1개
④ 丙, 딸기 사탕 1개

✔해설 甲~戊가 먹은 사탕을 정리하면 다음과 같다.

구분	甲	乙	丙	丁	戊
맛	사과 + 딸기	사과	포도 or 딸기	포도 or 딸기	포도
개수	2개	1개	1개	1개	1개

13 G 음료회사는 신제품 출시를 위해 시제품 3개를 만들어 전직원을 대상으로 블라인드 테스트를 진행한 후 기획팀에서 회의를 하기로 했다. 독창성, 대중성, 개인선호도 세 가지 영역에 총 15점 만점으로 진행된 테스트 결과가 다음과 같을 때, 기획팀 직원들의 발언으로 옳지 않은 것은?

	독창성	대중성	개인선호도	총점
시제품 A	5	2	3	10
시제품 B	4	4	4	12
시제품 C	2	5	5	12

① 우리 회사의 핵심가치 중 하나가 창의성 아닙니까? 저는 독창성 점수가 높은 A를 출시해야 한다고 생각합니다.

② 독창성이 높아질수록 총점이 낮아지는 것을 보지 못하십니까? 저는 그 의견에 반대합니다.

③ 무엇보다 현 시점에서 회사의 재정상황을 타계하기 위해서는 대중성을 고려하여 높은 이윤이 날 것으로 보이는 C를 출시해야 하지 않겠습니까?

④ 그럼 독창성과 대중성, 개인선호도를 모두 고려하여 B를 출시하는 것이 어떻겠습니까?

✅ **해설** ② 시제품 B는 C에 비해 독창성 점수가 2점 높지만 총점은 같다. 따라서 옳지 않은 발언이다.

┃14~15┃ 다음 5개의 팀에 인터넷을 연결하기 위해 작업을 하려고 한다. 5개의 팀 사이에 인터넷을 연결하기 위한 시간이 다음과 같을 때 제시된 표를 바탕으로 물음에 답하시오(단, 가팀과 나팀이 연결되고 나팀과 다팀이 연결되면 가팀과 다팀이 연결된 것으로 간주한다).

구분	가	나	다	라	마
가	-	3	6	1	2
나	3	-	1	2	1
다	6	1	-	3	2
라	1	2	3	-	1
마	2	1	2	1	-

14 가팀과 다팀을 인터넷 연결하기 위해 필요한 최소의 시간은?

① 7시간　　　　　　　　　　　② 6시간

③ 5시간　　　　　　　　　　　④ 4시간

> ✔해설　가팀, 다팀을 연결하는 방법은 2가지가 있는데.
> ㉠ 가팀과 나팀, 나팀과 다팀 연결 : 3 + 1 = 4시간
> ㉡ 가팀과 다팀 연결 : 6시간
> 즉, 1안이 더 적게 걸리므로 4시간이 답이 된다.

15 다팀과 마팀을 인터넷 연결하기 위해 필요한 최소의 시간은?

① 1시간　　　　　　　　　　　② 2시간

③ 3시간　　　　　　　　　　　④ 4시간

> ✔해설　다팀, 마팀을 연결하는 방법은 2가지가 있는데.
> ㉠ 다팀과 라팀, 라팀과 마팀 연결 : 3 + 1 = 4시간
> ㉡ 다팀과 마팀 연결 : 2시간
> 즉, 2안이 더 적게 걸리므로 2시간이 답이 된다.

16 '가, 나, 다, 라, 마'가 일렬로 서 있다. 아래와 같은 조건을 만족할 때, '가'가 맨 왼쪽에 서 있을 경우, '나'는 몇 번째에 서 있는가?

• '가'는 '다' 바로 옆에 서있다.
• '나'는 '라'와 '마' 사이에 서있다.

---

① 첫 번째　　　　　　　　　　② 두 번째

③ 세 번째　　　　　　　　　　④ 네 번째

> ✔해설　문제 지문과 조건으로 보아 가, 다의 자리는 정해져 있다.
>
> | 가 | 다 | | | |
> |---|---|---|---|---|
>
> 나는 라와 마 사이에 있으므로 다음과 같이 두 가지 경우가 있을 수 있다.
>
> | 라 | 나 | 마 |
> |---|---|---|
>
> | 마 | 나 | 라 |
> |---|---|---|
>
> 따라서 가가 맨 왼쪽에 서 있을 때, 나는 네 번째에 서 있게 된다.

17 다음 글과 표를 근거로 판단할 때 세 사람 사이의 관계가 모호한 경우는?

- 조직 내에서 두 사람 사이의 관계는 '동갑'과 '위아래' 두 가지 경우로 나뉜다.
- 두 사람이 태어난 연도가 같은 경우 입사년도에 상관없이 '동갑' 관계가 된다.
- 두 사람이 태어난 연도가 다른 경우 '위아래' 관계가 된다. 이때 생년이 더 빠른 사람이 '윗사람', 더 늦은 사람이 '아랫사람'이 된다.
- 두 사람이 태어난 연도가 다르더라도 입사년도가 같고 생년월일의 차이가 1년 미만이라면 '동갑' 관계가 된다.
- 두 사람 사이의 관계를 바탕으로 임의의 세 사람(A~C) 사이의 관계는 '명확'과 '모호' 두 가지 경우로 나뉜다.
- A와 B, A와 C가 '동갑' 관계이고 B와 C 또한 '동갑' 관계인 경우 세 사람 사이의 관계는 '명확'하다.
- A와 B가 '동갑' 관계이고 A가 C의 '윗사람', B가 C의 '윗사람'인 경우 세 사람 사이의 관계는 '명확'하다.
- A와 B, A와 C가 '동갑' 관계이고 B와 C가 '위아래' 관계인 경우 세 사람 사이의 관계는 '모호'하다.

이름	생년월일	입사년도
甲	1992. 4. 11.	2017
乙	1991. 10. 3.	2017
丙	1991. 3. 1.	2017
丁	1992. 2. 14.	2017
戊	1993. 1 7.	2018

① 甲, 乙, 丙
② 甲, 乙, 丁
③ 甲, 丁, 戊
④ 乙, 丁, 戊

✔해설 ① 乙과 甲, 乙과 丙이 '동갑' 관계이고 甲과 丙이 '위아래' 관계이므로 甲, 乙, 丙의 관계는 '모호'하다.

18 공연기획사인 A사는 이번에 주최한 공연을 보러 오는 관객을 기차역에서 공연장까지 버스로 수송하기로 하였다. 다음의 표와 같이 공연 시작 4시간 전부터 1시간 단위로 전체 관객 대비 기차역에 도착하는 관객의 비율을 예측하여 버스를 운행하고자 하며, 공연 시작 시간까지 관객을 모두 수송해야 한다. 다음을 바탕으로 예상한 수송 시나리오 중 옳은 것을 모두 고르면?

▣ 전체 관객 대비 기차역에 도착하는 관객의 비율

시각	전체 관객 대비 비율(%)
공연 시작 4시간 전	a
공연 시작 3시간 전	b
공연 시작 2시간 전	c
공연 시작 1시간 전	d
계	100

• 전체 관객 수는 40,000명이다.
• 버스는 한 번에 대당 최대 40명의 관객을 수송한다.
• 버스가 기차역과 공연장 사이를 왕복하는 데 걸리는 시간은 6분이다.

▣ 예상 수송 시나리오

㉠ a = b = c = d = 25라면, 회사가 전체 관객을 기차역에서 공연장으로 수송하는 데 필요한 버스는 최소 20대이다.

㉡ a = 10, b = 20, c = 30, d = 40이라면, 회사가 전체 관객을 기차역에서 공연장으로 수송하는 데 필요한 버스는 최소 40대이다.

㉢ 만일 공연이 끝난 후 2시간 이내에 전체 관객을 공연장에서 기차역까지 버스로 수송해야 한다면, 이때 회사에게 필요한 버스는 최소 50대이다.

① ㉠

② ㉡

③ ㉡, ㉢

④ ㉠, ㉢

✔해설 ㉠ a = b = c = d = 25라면, 1시간당 수송해야 하는 관객의 수는 40,000 × 0.25 = 10,000명이다. 버스는 한 번에 대당 최대 40명의 관객을 수송하고 1시간에 10번 수송 가능하므로, 1시간 동안 1대의 버스가 수송할 수 있는 관객의 수는 400명이다. 따라서 10,000명의 관객을 수송하기 위해서는 최소 25대의 버스가 필요하다.

㉡ d = 40이라면, 공연 시작 1시간 전에 기차역에 도착하는 관객의 수는 16,000명이다. 16,000명을 1시간 동안 모두 수송하기 위해서는 최소 40대의 버스가 필요하다.

㉢ 공연이 끝난 후 2시간 이내에 전체 관객을 공연장에서 기차역까지 수송하려면 시간당 20,000명의 관객을 수송해야 한다. 따라서 회사에게 필요한 버스는 최소 50대이다.

▌19~20 ▐ 인사팀에 근무하는 S는 2021년도에 새롭게 변경된 사내 복지 제도에 따라 경조사 지원 내역을 정리하는 업무를 담당하고 있다. 다음을 바탕으로 물음에 답하시오.

❏ 2021년도 변경된 사내 복지 제도

종류	주요 내용
주택 지원	• 사택 지원(가~사 총 7동 175가구) 최소 1년 최장 3년 • 지원 대상 – 입사 3년 차 이하 1인 가구 사원 중 무주택자(가~다동 지원) – 입사 4년 차 이상 본인 포함 가구원이 3인 이상인 사원 중 무주택자(라~사동 지원)
경조사 지원	• 본인/가족 결혼, 회갑 등 각종 경조사 시 • 경조금, 화환 및 경조휴가 제공
학자금 지원	• 대학생 자녀의 학자금 지원
기타	• 상병 휴가, 휴직, 4대 보험 지원

❏ 2021년도 1/4분기 지원 내역

이름	부서	직위	내역	변경 전	변경 후	금액(천원)
A	인사팀	부장	자녀 대학진학	지원 불가	지원 가능	2,000
B	총무팀	차장	장인상	변경 내역 없음		100
C	연구1팀	차장	병가	실비 지급	추가 금액 지원	50 (실비 제외)
D	홍보팀	사원	사택 제공(가-102)	변경 내역 없음		–
E	연구2팀	대리	결혼	변경 내역 없음		100
F	영업1팀	차장	모친상	변경 내역 없음		100
G	인사팀	사원	사택 제공(바-305)	변경 내역 없음		–
H	보안팀	대리	부친 회갑	변경 내역 없음		100
I	기획팀	차장	결혼	변경 내역 없음		100
J	영업2팀	과장	생일	상품권	기프트 카드	50
K	전략팀	사원	생일	상품권	기프트 카드	50

19 당신은 S가 정리해 온 2021년도 1/4분기 지원 내역을 확인하였다. 다음 중 잘못 구분된 사원은?

지원 구분	이름
주택 지원	D, G
경조사 지원	B, E, H, I, J, K
학자금 지원	A
기타	F, C

① B

② D

③ F

④ H

> **✔해설** 지원 구분에 따르면 모친상과 같은 경조사는 경조사 지원에 포함되어야 한다. 따라서 F의 구분이 잘못되었다.

20 S는 2021년도 1/4분기 지원 내역 중 변경 사례를 참고하여 새로운 사내 복지 제도를 정리해 추가로 공시하려 한다. 다음 중 S가 정리한 내용으로 옳지 않은 것은?

① 복지 제도 변경 전후 모두 생일에 현금을 지급하지 않습니다.

② 복지 제도 변경 후 대학생 자녀에 대한 학자금을 지원해드립니다.

③ 변경 전과 달리 미혼 사원의 경우 입주 가능한 사택동 제한이 없어집니다.

④ 변경 전과 같이 경조사 지원금은 직위와 관계없이 동일한 금액으로 지원됩니다.

> **✔해설** ③ 2021년 변경된 사내 복지 제도에 따르면 1인 가구 사원에게는 가~사 총 7동 중 가~다동이 지원된다.

Answer 19.③ 20.③

21 다음은 □□전자의 스마트폰 사용에 관한 조사 설계의 일부분이다. 본 설문조사의 목적으로 가장 적합하지 않은 것은?

---

1. 조사 목적

2. 과업 범위
① 조사 대상 : 서울과 수도권에 거주하고 있으며 최근 5년 이내에 스마트폰 변경 이력이 있고, 향후 1년 이내에 스마트폰 변경 의향이 있는 만 20~30세의 성인 남녀
② 조사 방법 : 구조화된 질문지를 이용한 온라인 조사
③ 표본 규모 : 총 1,000명

3. 조사 내용
① 시장 환경 파악 : 스마트폰 시장 동향 (사용기기 브랜드 및 가격, 기기사용 기간 등)
② 과거 스마트폰 변경 현황 파악 : 변경 횟수, 변경 사유 등
③ 향후 스마트폰 변경 잠재 수요 파악 : 변경 사유, 선호 브랜드, 변경 예산 등
④ 스마트폰 구매자를 위한 개선 사항 파악 : 스마트폰 구매자를 위한 요금할인, 사은품 제공 등 개선 사항 적용 시 스마트폰 변경 의향
⑤ 배경정보 파악 : 인구사회학적 특성 (연령, 성별, 거주 지역 등)

4. 결론 및 기대효과

---

① 스마트폰 구매자를 위한 요금할인 프로모션 시행의 근거 마련
② 평균 스마트폰 기기사용 기간 및 주요 변경 사유 파악
③ 광고 매체 선정에 참고할 자료 구축
④ 스마트폰 구매 시 사은품 제공 유무가 구입 결정에 미치는 영향 파악

> **✔해설** 제시된 설문조사에는 광고 매체 선정에 참고할 만한 조사 내용이 포함되어 있지 않다. 따라서 ③은 이 설문조사의 목적으로 적합하지 않다.

22 다음은 폐기물관리법의 일부이다. 제시된 내용을 참고할 때 옳은 것은?

제00조 이 법에서 말하는 폐기물이란 쓰레기, 연소재, 폐유, 폐알칼리 및 동물의 사체 등으로 사람의 생활이나 사업활동에 필요하지 않게 된 물질을 말한다.

제00조

① 도지사는 관할 구역의 폐기물을 적정하게 처리하기 위하여 환경부장관이 정하는 지침에 따라 10년마다 '폐기물 처리에 관한 기본계획'(이하 '기본계획'이라 한다)을 세워 환경부장관의 승인을 받아야 한다. 승인사항을 변경하려 할 때에도 또한 같다. 이 경우 환경부장관은 기본계획을 승인하거나 변경승인하려면 관계 중앙행정기관의 장과 협의하여야 한다.

② 시장·군수·구청장은 10년마다 관할 구역의 기본계획을 세워 도지사에게 제출하여야 한다.

③ 제1항과 제2항에 따른 기본계획에는 다음 각 호의 사항이 포함되어야 한다.

   1. 관할 구역의 지리적 환경 등에 관한 개황
   2. 폐기물의 종류별 발생량과 장래의 발생 예상량
   3. 폐기물의 처리 현황과 향후 처리 계획
   4. 폐기물의 감량화와 재활용 등 자원화에 관한 사항
   5. 폐기물처리시설의 설치 현황과 향후 설치 계획
   6. 폐기물 처리의 개선에 관한 사항
   7. 재원의 확보계획

제00조

① 환경부장관은 국가 폐기물을 적정하게 관리하기 위하여 전조 제1항에 따른 기본계획을 기초로 '국가 폐기물관리 종합계획'(이하 '종합계획'이라 한다)을 10년마다 세워야 한다.

② 환경부장관은 종합계획을 세운 날부터 5년이 지나면 그 타당성을 재검토하여 변경할 수 있다.

---

① 재원의 확보계획은 기본계획에 포함되지 않아도 된다.

② A도 도지사가 제출한 기본계획을 승인하려면, 환경부장관은 관계 중앙행정기관의 장과 협의를 거쳐야 한다.

③ 환경부장관은 국가 폐기물을 적정하게 관리하기 위하여 10년마다 기본계획을 수립하여야 한다.

④ B군 군수는 5년마다 종합계획을 세워 환경부장관에게 제출하여야 한다.

> ✔해설 ① 재원의 확보계획은 기본계획에 포함되어야 한다.
> ③ 환경부장관은 국가 폐기물을 적정하게 관리하기 위하여 10년마다 종합계획을 수립하여야 한다.
> ④ 시장·군수·구청장은 10년마다 관할 구역의 기본계획을 세워 도지사에게 제출하여야 한다.

23 ○○기관의 김 대리는 甲, 乙, 丙, 丁, 戊 인턴 5명의 자리를 배치하고자 한다. 다음의 조건에 따를 때 옳지 않은 것은?

- 최상의 업무 효과를 내기 위해서는 성격이 서로 잘 맞는 사람은 바로 옆자리에 앉혀야 하고, 서로 잘 맞지 않는 사람은 바로 옆자리에 앉혀서는 안 된다.
- 丙과 乙의 성격은 서로 잘 맞지 않는다.
- 甲과 乙의 성격은 서로 잘 맞는다.
- 甲과 丙의 성격은 서로 잘 맞는다.
- 戊와 丙의 성격은 서로 잘 맞지 않는다.
- 丁의 성격과 서로 잘 맞지 않는 사람은 없다.
- 丁은 햇빛 알레르기가 있어 창문 옆(1번) 자리에는 앉을 수 없다.

■ 자리 배치도

창문	1	2	3	4	5

---

① 甲은 3번 자리에 앉을 수 있다.

② 乙은 5번 자리에 앉을 수 있다.

③ 丙은 2번 자리에 앉을 수 있다.

④ 丁은 3번 자리에 앉을 수 없다.

> **✔해설** ③ 丙이 2번 자리에 앉을 경우, 丁은 햇빛 알레르기가 있어 1번 자리에 앉을 수 없으므로 3, 4, 5번 중 한 자리에 앉아야 하며, 丙과 성격이 서로 잘 맞지 않는 戊는 4, 5번 중 한 자리에 앉아야 한다. 이 경우 성격이 서로 잘 맞은 甲과 乙이 떨어지게 되므로 최상의 업무 효과를 낼 수 있는 배치가 되기 위해서는 丙은 2번 자리에 앉을 수 없다.
> ① 창문 – 戊 – 乙 – 甲 – 丙 – 丁 순으로 배치할 경우 甲은 3번 자리에 앉을 수 있다.
> ② 창문 – 戊 – 丁 – 丙 – 甲 – 乙 순으로 배치할 경우 乙은 5번 자리에 앉을 수 있다.
> ④ 丁이 3번 자리에 앉을 경우, 甲과 성격이 서로 잘 맞는 乙, 丙 중 한 명은 甲과 떨어지게 되므로 최상의 업무 효과를 낼 수 있는 배치가 되기 위해서는 丁은 3번 자리에 앉을 수 없다.

24 다음의 규정과 공공기관 현황에 근거할 때, 시장형 공기업에 해당하는 공공기관은?

- **공공기관의 구분**
① 기획재정부장관은 공공기관을 공기업·준정부기관과 기타공공기관으로 구분하여 지정한다. 직원 정원이 50인 이상인 공공기관은 공기업 또는 준정부기관으로, 그 외에는 기타공공기관으로 지정한다.
② 기획재정부장관은 제1항의 규정에 따라 공기업과 준정부기관을 지정하는 경우 자체수입액이 총수입액의 2분의 1 이상인 기관은 공기업으로, 그 외에는 준정부기관으로 지정한다.
③ 기획재정부장관은 제1항 및 제2항의 규정에 따른 공기업을 다음 각 호의 구분에 따라 세분하여 지정한다.
  1. 시장형 공기업 : 자산규모가 2조 원 이상이고, 총 수입액 중 자체수입액이 100분의 85 이상인 공기업
  2. 준시장형 공기업 : 시장형 공기업이 아닌 공기업
- **공공기관 현황**

공공기관	직원 정원	자산규모	자체수입비율
A	80명	3조 원	85%
B	40명	1.5조 원	60%
C	60명	1조 원	45%
D	55명	2.5조 원	40%
E	50명	9천억 원	50%

---

① A   ② B

③ C   ④ D

✔해설 ① A는 직원 정원이 50명 이상이고 자체수입액이 총수입액의 2분의 1 이상이며, 자산규모가 2조 원 이상이고 총 수입액 중 자체수입액이 100분의 85 이상이므로 시장형 공기업에 해당한다.
② B는 직원 정원이 50명 미만이므로 기타공공기관에 해당한다.
③④ C, D는 자체수입액이 총수입액의 2분의 1 미만이므로 준정부기관에 해당한다.

25 100명의 근로자를 고용하고 있는 ○○기관 인사팀에 근무하는 S는 고용노동법에 따라 기간제 근로자를 채용하였다. 제시된 법령의 내용을 참고할 때, 기간제 근로자로 볼 수 없는 경우는?

제10조
① 이 법은 상시 5인 이상의 근로자를 사용하는 모든 사업 또는 사업장에 적용한다. 다만 동거의 친족만을 사용하는 사업 또는 사업장과 가사사용인에 대하여는 적용하지 아니한다.
② 국가 및 지방자치단체의 기관에 대하여는 상시 사용하는 근로자의 수에 관계없이 이 법을 적용한다.

제11조
① 사용자는 2년을 초과하지 아니하는 범위 안에서(기간제 근로계약의 반복갱신 등의 경우에는 계속 근로한 총 기간이 2년을 초과하지 아니하는 범위 안에서) 기간제 근로자※를 사용할 수 있다. 다만 다음 각 호의 어느 하나에 해당하는 경우에는 2년을 초과하여 기간제 근로자로 사용할 수 있다.
  1. 사업의 완료 또는 특정한 업무의 완성에 필요한 기간을 정한 경우
  2. 휴직·파견 등으로 결원이 발생하여 당해 근로자가 복귀할 때까지 그 업무를 대신할 필요가 있는 경우
  3. 전문적 지식·기술의 활용이 필요한 경우와 박사 학위를 소지하고 해당 분야에 종사하는 경우
② 사용자가 제1항 단서의 사유가 없거나 소멸되었음에도 불구하고 2년을 초과하여 기간제 근로자로 사용하는 경우에는 그 기간제 근로자는 기간의 정함이 없는 근로계약을 체결한 근로자로 본다.
※ 기간제 근로자라 함은 기간의 정함이 있는 근로계약을 체결한 근로자를 말한다.

---

① 수습기간 3개월을 포함하여 1년 6개월간 A를 고용하기로 근로계약을 체결한 경우
② 근로자 E의 휴직으로 결원이 발생하여 2년간 B를 계약직으로 고용하였는데, E의 복직 후에도 B가 계속해서 현재 3년 이상 근무하고 있는 경우
③ 사업 관련 분야 박사학위를 취득한 C를 계약직(기간제) 연구원으로 고용하여 C가 현재 3년간 근무하고 있는 경우
④ 국가로부터 도급받은 3년간의 건설공사를 완성하기 위해 D를 그 기간 동안 고용하기로 근로계약을 체결한 경우

✔ 해설 제11조 제2항에 따르면 사용자가 제1항 단서의 사유가 없거나 소멸되었음에도 불구하고 2년을 초과하여
기간제 근로자로 사용하는 경우에는 그 기간제 근로자는 기간의 정함이 없는 근로계약을 체결한 근로자
로 본다. 따라서 ②의 경우 기간제 근로자로 볼 수 없다.
① 2년을 초과하지 않는 범위이므로 기간제 근로자로 볼 수 있다.
③ 제11조 제1항 제3호에 따른 기간제 근로자로 볼 수 있다.
④ 제11조 제1항 제1호에 따른 기간제 근로자로 볼 수 있다.

CHAPTER 03 정보능력

01 정보화사회와 정보능력

(1) 정보와 정보화사회

① 자료 · 정보 · 지식

구분	특징
자료(Data)	객관적 실제의 반영이며, 그것을 전달할 수 있도록 기호화한 것
정보(Information)	자료를 특정한 목적과 문제해결에 도움이 되도록 가공한 것
지식(Knowledge)	정보를 집적하고 체계화하여 장래의 일반적인 사항에 대비해 보편성을 갖도록 한 것

② 정보화사회 … 필요로 하는 정보가 중심이 되는 사회

(2) 업무수행과 정보능력

① 컴퓨터의 활용 분야

　㉠ 기업 경영 분야에서의 활용 : 판매, 회계, 재무, 인사 및 조직관리, 금융 업무 등

　㉡ 행정 분야에서의 활용 : 민원처리, 각종 행정 통계 등

　㉢ 산업 분야에서의 활용 : 공장 자동화, 산업용 로봇, 판매시점관리시스템(POS) 등

　㉣ 기타 분야에서의 활용 : 교육, 연구소, 출판, 가정, 도서관, 예술 분야 등

② 정보처리과정

　㉠ 정보 활용 절차 : 기획 → 수집 → 관리 → 활용

　㉡ 5W2H : 정보 활용의 전략적 기획

　• WHAT(무엇을?) : 정보의 입수대상을 명확히 한다.

　• WHERE(어디에서?) : 정보의 소스(정보원)를 파악한다.

　• WHEN(언제까지) : 정보의 요구(수집)시점을 고려한다.

　• WHY(왜?) : 정보의 필요목적을 염두에 둔다.

　• WHO(누가?) : 정보활동의 주체를 확정한다.

　• HOW(어떻게) : 정보의 수집방법을 검토한다.

• HOW MUCH(얼마나?) : 정보수집의 비용성(효용성)을 중시한다.

5W2H는 정보를 전략적으로 수집·활용할 때 주로 사용하는 방법이다. 5W2H에 대한 설명으로 옳지 않은 것은?

① WHAT : 정보의 수집방법을 검토한다.
② WHERE : 정보의 소스(정보원)를 파악한다.
③ WHEN : 정보의 요구(수집)시점을 고려한다.
④ HOW : 정보의 수집방법을 검토한다.

출제의도

방대한 정보들 중 꼭 필요한 정보와 수집 방법 등을 전략적으로 기획하고 정보수집이 이루어질 때 효과적인 정보 수집이 가능해진다. 5W2H는 이러한 전략적 정보 활용 기획의 방법으로 그 개념을 이해하고 있는지를 묻는 질문이다.

해 설

5W2H의 'WHAT'은 정보의 입수대상을 명확히 하는 것이다. 정보의 수집방법을 검토하는 것은 HOW(어떻게)에 해당되는 내용이다.

답 ①

---

(3) 사이버공간에서 지켜야 할 예절

① 인터넷의 역기능
  ㉠ 불건전 정보의 유통
  ㉡ 개인 정보 유출
  ㉢ 사이버 성폭력
  ㉣ 사이버 언어폭력
  ㉤ 언어 훼손
  ㉥ 인터넷 중독
  ㉦ 불건전한 교제
  ㉧ 저작권 침해

② 네티켓(netiquette) … 네트워크(network) + 에티켓(etiquette)

(4) 정보의 유출에 따른 피해사례

① 개인정보의 종류

　㉠ 일반 정보 : 이름, 주민등록번호, 운전면허정보, 주소, 전화번호, 생년월일, 출생지, 본적지, 성별, 국적 등

　㉡ 가족 정보 : 가족의 이름, 직업, 생년월일, 주민등록번호, 출생지 등

　㉢ 교육 및 훈련 정보 : 최종학력, 성적, 기술자격증/전문면허증, 이수훈련 프로그램, 서클 활동, 상벌사항, 성격/행태보고 등

　㉣ 병역 정보 : 군번 및 계급, 제대유형, 주특기, 근무부대 등

　㉤ 부동산 및 동산 정보 : 소유주택 및 토지, 자동차, 저축현황, 현금카드, 주식 및 채권, 수집품, 고가의 예술품 등

　㉥ 소득 정보 : 연봉, 소득의 원천, 소득세 지불 현황 등

　㉦ 기타 수익 정보 : 보험가입현황, 수익자, 회사의 판공비 등

　㉧ 신용 정보 : 대부상황, 저당, 신용카드, 담보설정 여부 등

　㉨ 고용 정보 : 고용주, 회사주소, 상관의 이름, 직무수행 평가 기록, 훈련기록, 상벌기록 등

　㉩ 법적 정보 : 전과기록, 구속기록, 이혼기록 등

　㉪ 의료 정보 : 가족병력기록, 과거 의료기록, 신체장애, 혈액형 등

　㉫ 조직 정보 : 노조가입, 정당가입, 클럽회원, 종교단체 활동 등

　㉬ 습관 및 취미 정보 : 흡연/음주량, 여가활동, 도박성향, 비디오 대여기록 등

② 개인정보 유출방지 방법

　㉠ 회원 가입 시 이용 약관을 읽는다.

　㉡ 이용 목적에 부합하는 정보를 요구하는지 확인한다.

　㉢ 비밀번호는 정기적으로 교체한다.

　㉣ 정체불명의 사이트는 멀리한다.

　㉤ 가입 해지 시 정보 파기 여부를 확인한다.

　㉥ 남들이 쉽게 유추할 수 있는 비밀번호는 자제한다.

02 정보능력을 구성하는 하위능력

(1) 컴퓨터활용능력

① 인터넷 서비스 활용

    ㉠ 전자우편(E-mail) 서비스 : 정보 통신망을 이용하여 다른 사용자들과 편지나 여러 정보를 주고받는 통신 방법

    ㉡ 인터넷 디스크/웹 하드 : 웹 서버에 대용량의 저장 기능을 갖추고 사용자가 개인용 컴퓨터의 하드 디스크와 같은 기능을 인터넷을 통하여 이용할 수 있게 하는 서비스

    ㉢ 메신저 : 인터넷에서 실시간으로 메시지와 데이터를 주고받을 수 있는 소프트웨어

    ㉣ 전자상거래 : 인터넷을 통해 상품을 사고팔거나 재화나 용역을 거래하는 사이버 비즈니스

② 정보검색 … 여러 곳에 분산되어 있는 수많은 정보 중에서 특정 목적에 적합한 정보만을 신속하고 정확하게 찾아내어 수집, 분류, 축적하는 과정

    ㉠ 검색엔진의 유형

        • 키워드 검색 방식 : 찾고자 하는 정보와 관련된 핵심적인 언어인 키워드를 직접 입력하여 이를 검색 엔진에 보내어 검색 엔진이 키워드와 관련된 정보를 찾는 방식

        • 주제별 검색 방식 : 인터넷상에 존재하는 웹 문서들을 주제별, 계층별로 정리하여 데이터베이스를 구축한 후 이용하는 방식

        • 통합형 검색방식 : 사용자가 입력하는 검색어들이 연계된 다른 검색 엔진에게 보내고 이를 통하여 얻어진 검색 결과를 사용자에게 보여주는 방식

    ㉡ 정보 검색 연산자

기호	연산자	검색조건
*, &	AND	두 단어가 모두 포함된 문서를 검색
|	OR	두 단어가 모두 포함되거나 두 단어 중에서 하나만 포함된 문서를 검색
-, !	NOT	'-' 기호나 '!' 기호 다음에 오는 단어는 포함하지 않는 문서를 검색
~, near	인접검색	앞/뒤의 단어가 가깝게 있는 문서를 검색

③ 소프트웨어의 활용

    ㉠ 워드프로세서

        • 특징 : 문서의 내용을 화면으로 확인하면서 쉽게 수정 가능, 문서 작성 후 인쇄 및 저장 가능, 글이나 그림의 입력 및 편집 가능

        • 기능 : 입력기능, 표시기능, 저장기능, 편집기능, 인쇄기능 등

ⓒ 스프레드시트

- 특징 : 쉽게 계산 수행, 계산 결과를 차트로 표시, 문서를 작성하고 편집 가능
- 기능 : 계산, 수식, 차트, 저장, 편집, 인쇄기능 등

예제 2

귀하는 커피 전문점을 운영하고 있다. 아래와 같이 엑셀 워크시트로 4개 지점의 원두 구매 수량과 단가를 이용하여 금액을 산출하고 있다. 귀하가 다음 중 D3셀에서 사용하고 있는 함수식으로 옳은 것은? (단, 금액 = 수량 × 단가)

	A	B	C	D	E
1	지점	원두	수량(100g)	금액	
2	A	케냐	15	150000	
3	B	콜롬비아	25	175000	
4	C	케냐	30	300000	
5	D	브라질	35	210000	
6					
7		원두	100g당 단가		
8		케냐	10,000		
9		콜롬비아	7,000		
10		브라질	6,000		
11					

① =C3*VLOOKUP(B3, $B$8:$C$10, 1, 1)

② =B3*HLOOKUP(C3, $B$8:$C$10, 2, 0)

③ =C3*VLOOKUP(B3, $B$8:$C$10, 2, 0)

④ =C3*HLOOKUP($B$8:$C$10, 2, B3)

ⓒ 프레젠테이션

- 특징 : 각종 정보를 사용자 또는 대상자에게 쉽게 전달
- 기능 : 저장, 편집, 인쇄, 슬라이드 쇼 기능 등

ⓓ 유틸리티 프로그램 : 파일 압축 유틸리티, 바이러스 백신 프로그램

④ 데이터베이스의 필요성

ⓐ 데이터의 중복을 줄인다.

ⓑ 데이터의 무결성을 높인다.

ⓒ 검색을 쉽게 해준다.

ⓓ 데이터의 안정성을 높인다.

ⓔ 개발기간을 단축한다.

(2) 정보처리능력

① 정보원 … 1차 자료는 원래의 연구성과가 기록된 자료이며, 2차 자료는 1차 자료를 효과적으로 찾아 보기 위한 자료 또는 1차 자료에 포함되어 있는 정보를 압축·정리한 형태로 제공하는 자료이다.

　　㉠ 1차 자료 : 단행본, 학술지와 논문, 학술회의자료, 연구보고서, 학위논문, 특허정보, 표준 및 규격 자료, 레터, 출판 전 배포자료, 신문, 잡지, 웹 정보자원 등

　　㉡ 2차 자료 : 사전, 백과사전, 편람, 연감, 서지데이터베이스, 통계자료 등

② 정보분석 및 가공

　　㉠ 정보분석의 절차 : 분석과제의 발생 → 과제(요구)의 분석 → 조사항목의 선정 → 관련정보의 수집(기존자료 조사/신규자료 조사) → 수집정보의 분류 → 항목별 분석 → 종합·결론 → 활용·정리

　　㉡ 가공 : 서열화 및 구조화

③ 정보관리

　　㉠ 목록을 이용한 정보관리

　　㉡ 색인을 이용한 정보관리

　　㉢ 분류를 이용한 정보관리

예제 3

인사팀에서 근무하는 J씨는 회사가 성장함에 따라 직원 수가 급증하기 시작하면서 직원들의 정보관리 방법을 모색하던 중 다음과 같은 A사의 직원 정보관리 방법을 보게 되었다. J씨는 A사가 하고 있는 이 방법을 회사에도 도입하고자 한다. 이 방법은 무엇인가?

> A사의 인사부서에 근무하는 H씨는 직원들의 개인정보를 관리하는 업무를 담당하고 있다. A사에서 근무하는 직원은 수천 명에 달하기 때문에 H씨는 주요 키워드나 주제어를 가지고 직원들의 정보를 구분하여 관리하여, 찾을 때도 쉽고 내용을 수정할 때도 이전보다 훨씬 간편할 수 있도록 했다.

① 목록을 활용한 정보관리
② 색인을 활용한 정보관리
③ 분류를 활용한 정보관리
④ 1:1 매칭을 활용한 정보관리

출제의도

본 문항은 정보관리 방법의 개념을 이해하고 있는가를 묻는 문제이다.

해 설

주어진 자료의 A사에서 사용하는 정보관리는 주요 키워드나 주제어를 가지고 정보를 관리하는 방식인 색인을 활용한 정보관리이다. 디지털 파일에 색인을 저장할 경우 추가, 삭제, 변경 등이 쉽다는 점에서 정보관리에 효율적이다.

답 ②

출제예상문제

1 다음 중 '클라우드 컴퓨팅'에 대한 적절한 설명이 아닌 것은?

① 사용자들이 복잡한 정보를 보관하기 위해 별도의 데이터 센터를 구축할 필요가 없다.

② 정보의 보관보다 정보의 처리 속도와 정확성이 관건인 네트워크 서비스이다.

③ 장소와 시간에 관계없이 다양한 단말기를 통해 정보에 접근할 수 있다.

④ 주소록, 동영상, 음원, 오피스 문서, 게임, 메일 등 다양한 콘텐츠를 대상으로 한다.

> **✔ 해설** 클라우드 컴퓨팅이란 인터넷을 통해 제공되는 서버를 활용해 정보를 보관하고 있다가 필요할 때 꺼내 쓰는 기술을 말한다. 따라서 클라우드 컴퓨팅의 핵심은 데이터의 저장·처리·네트워킹 및 다양한 어플리케이션 사용 등 IT 관련 서비스를 인터넷과 같은 네트워크를 기반으로 제공하는데 있어, 정보의 보관 분야에 있어 획기적인 컴퓨팅 기술이라고 할 수 있다.

2 다음 중 컴퓨터에서 사용되는 자료의 물리적 단위가 큰 것부터 순서대로 올바르게 나열된 것은?

① Word − Byte − Nibble − Bit

② Byte − Word − Nibble − Bit

③ Word − Byte − Bit − Nibble

④ Word − Nibble − Byte − Bit

> **✔ 해설** 데이터의 구성단위는 큰 단위부터 Database→File→Record→Field→Word→Byte(8Bit)→ Nibble(4Bit)→Bit의 순이다. Bit는 자료를 나타내는 최소의 단위이며, Byte는 문자 표현의 최소 단위로 1Byte = 8Bit이다.

3 다음 (가)~(다)의 설명에 맞는 용어가 순서대로 올바르게 짝지어진 것은?

> (가) 유통분야에서 일반적으로 물품관리를 위해 사용된 바코드를 대체할 차세대 인식기술로 꼽히며, 판독 및 해독 기능을 하는 판독기(reader)와 정보를 제공하는 태그(tag)로 구성된다.
> (나) 컴퓨터 관련 기술이 생활 구석구석에 스며들어 있음을 뜻하는 '퍼베이시브 컴퓨팅(pervasive computing)'과 같은 개념이다.
> (다) 메신저 애플리케이션의 통화 기능 또는 별도의 데이터 통화 애플리케이션을 설치하면 통신사의 이동통신망이 아니더라도 와이파이(Wi-Fi)를 통해 단말기로 데이터 음성통화를 할 수 있으며, 이동통신망의 음성을 쓰지 않기 때문에 국외 통화 시 비용을 절감할 수 있다는 장점이 있다.

① RFID, 유비쿼터스, VoIP
② POS, 유비쿼터스, RFID
③ RFID, POS, 핫스팟
④ POS, VoIP, 핫스팟

✔해설 (가) RFID : IC칩과 무선을 통해 식품·동물·사물 등 다양한 개체의 정보를 관리할 수 있는 인식 기술을 지칭한다. '전자태그' 혹은 '스마트 태그', '전자 라벨', '무선식별' 등으로 불린다. 이를 기업의 제품에 활용할 경우 생산에서 판매에 이르는 전 과정의 정보를 초소형 칩(IC칩)에 내장시켜 이를 무선주파수로 추적할 수 있다.
(나) 유비쿼터스 : 유비쿼터스는 '언제 어디에나 존재한다.'는 뜻의 라틴어로, 사용자가 컴퓨터나 네트워크를 의식하지 않고 장소에 상관없이 자유롭게 네트워크에 접속할 수 있는 환경을 말한다.
(다) VoIP : VoIP(Voice over Internet Protocol)는 IP 주소를 사용하는 네트워크를 통해 음성을 디지털 패킷(데이터 전송의 최소 단위)으로 변환하고 전송하는 기술이다. 다른 말로 인터넷전화라고 부르며, 'IP 텔레포니' 혹은 '인터넷 텔레포니'라고도 한다.

4 기계결함으로 LOT번호가 잘못 찍혔다. 올바르게 수정된 것은?

〈LOT번호 규칙〉

LOT 제조년월일 – 화장품라인 – 제품종류 – 완성품 수량

제조년월일	화장품라인				제품종류			완성품수량
• 2014년 12월 1일 제조→141201 • 2015년 2월 5일 제조→150205	제품코드		코드명		분류코드		용량번호	00001부터 시작하여 완성품수량만큼 5자리의 번호가 매겨짐
	1	계열사 I	A	베이비	01	스킨	001 100mL	
			B	발효			002 300mL	
			C	모이스춰			003 500mL	
			D	안티에이징	02	에센스	004 50mL	
			E	바디			005 100mL	
			F	옴므			006 200mL	
	2	계열사 M	G	베이비	03	로션	007 100mL	
			H	발효			008 300mL	
			I	모이스춰			009 500mL	
			J	안티에이징	04	크림	010 30mL	
			K	바디			011 50mL	
			L	옴므			012 100mL	
	3	계열사 R	M	베이비	05	엠플	013 3mL	
			N	발효			014 5mL	
			O	모이스춰			015 10mL	
			P	안티에이징	06	클렌징	016 50g	
			Q	바디			017 100g	
			R	옴므			018 150g	

〈예시〉

2014년 12월 3일에 제조된 계열사 R의 안티에이징 크림 100mL제품 51,200개의 LOT번호

LOT 141203-3P-04012-51200

2014년 7월 30일에 제조된 계열사 I의 발효 에센스 100mL제품 76,210개

LOT 140730I0200576210

① 제조년월일 : 140730 → 140703

② 화장품라인 : 1I → 1B

③ 제품종류 : 02005 → 02004

④ 완성품수량 : 76210 → 07621

5 다음 그림에서 A6 셀에 수식 '=$A$1+$A2'를 입력한 후 다시 A6 셀을 복사하여 C6와 C8에 각 각 붙여넣기를 하였을 경우, (A)와 (B)에 나타나게 되는 숫자의 합은 얼마인가?

	A	B	C
1	7	2	8
2	3	3	8
3	1	5	7
4	2	5	2
5			
6			(A)
7			
8			(B)

① 12 ② 14
③ 16 ④ 19

✔ 해설 '$'는 다음에 오는 셀 기호를 고정값으로 묶어 두는 기능을 하게 된다.
(A) : A6 셀을 복사하여 C6 셀에 붙이게 되면, 'A'셀이 고정값으로 묶여 있어 (A)에는 A6 셀과 같은 '$A$1+$A2'의 값 10이 입력된다.
(B) : (B)에는 '$'로 묶여 있지 않은 2행의 값 대신에 4행의 값이 대응될 것이다. 따라서 '$A$1+$A4'의 값인 9가 입력된다.
따라서 (A)와 (B)의 합은 10+9=19가 된다.

6 다음 매크로 실행 및 보안에 대한 설명 중 옳지 않은 것은?

① Alt+F1 키를 누르면 Visual Basic Editor가 실행되며, 매크로를 수정할 수 있다.

② Alt+F8 키를 누르면 매크로 대화 상자가 표시되어 매크로 목록에서 매크로를 선택하여 실행할 수 있다.

③ 매크로 보안 설정 사항으로는 모든 매크로 제외(알림 표시 없음), 모든 매크로 제외(알림 표시), 디지털 서명된 매크로만 포함, 모든 매크로 포함(알림 표시) 등이 모두 권장된다.

④ 개발 도구 – 코드 그룹의 매크로를 클릭하거나 매크로를 기록할 때 지정한 바로가기 키를 눌러 매크로를 실행할 수 있다.

> ✔ 해설 ③ 매크로 보안 설정 사항으로는 모든 매크로 제외(알림 표시 없음), 모든 매크로 제외(알림 표시), 디지털 서명된 매크로만 포함 등이 있으며, '모든 매크로 포함'은 위험성 있는 코드가 실행될 수 있으므로 권장하지 않는다.

7 다음에서 설명하고 있는 웹브라우저는?

> 2014년 11월 출시 10주년을 맞이한 이 웹브라우저는 개인정보보호의 중요성을 강조하며 검색업체나 광고업체가 웹사이트 추적을 중지하도록 요청하는 DNT 기능 및 개인 정보를 손쉽게 지울 수 있는 FORGET이란 기능을 제공하고 있다.

① 크롬　　　　　　　　　　　② 구글
③ 파이어폭스　　　　　　　　④ 사파리

> ✔ 해설 파이어폭스는 미국의 모질라 재단이 출시한 오픈소스 기반의 인터넷 브라우저로, 탭을 이용한 브라우징과 커스텀이 가능한 내장 검색 바, 내장 RSS 리더 등의 여러 기술적 진보를 보여주며, 빠르고 안정적이다. 그러나 많은 국내 인터넷 사이트들이 인터넷 익스플로러(IE)의 액티브 X를 기반으로 운영되고 있어, 파이어폭스 등의 웹브라우저로는 정상적으로 인터넷 서비스를 이용하기 어려운 경우가 많고, 액티브 X 지원이 부족하다는 단점이 있다.

8 다음 중 엑셀에서 날짜 데이터의 입력 방법을 설명한 것으로 옳지 않은 것은?

① 날짜 데이터는 하이픈(-)이나 슬래시(/)를 이용하여 년, 월, 일을 구분한다.

② 날짜의 연도를 생략하고 월과 일만 입력하면 자동으로 올해의 연도가 추가되어 입력된다.

③ 날짜의 연도를 두 자리로 입력할 때 연도가 30이상이면 1900년대로 인식하고, 29이하면 2000년대로 인식한다.

④ 오늘의 날짜를 입력하고 싶으면 Ctrl+Shift+;(세미콜론)키를 누르면 된다.

> ✔해설 Ctrl+Shift+;(세미콜론)키를 누르면 지금 시간이 입력된다.
> 오늘의 날짜는 Ctrl+;(세미콜론) 키를 눌러야 한다.

9 정보 분석에 대한 설명으로 옳지 않은 것은?

① 여러 정보를 상호 관련지어 새로운 정보를 생성해내는 활동을 정보분석이라 한다.

② 정보를 분석함으로써 한 개의 정보로써 불분명한 사항을 다른 정보로써 명백히 할 수 있다.

③ 서로 동일하거나 차이가 없는 정보의 내용을 판단하여 새로운 해석을 할 수 있다.

④ 좋은 분석이란 하나의 메커니즘을 그려낼 수 있고, 동향, 미래를 예측할 수 있는 것이어야 한다.

> ✔해설 정보를 분석함으로써 서로 상반되거나 큰 차이가 있는 정보의 내용을 판단하여 새로운 해석을 할 수 있다.

10 다음 자료를 참고할 때, B7 셀에 '=SUM(B2:CHOOSE(2,B3,B4,B5))'의 수식을 입력했을 때 표시되는 결과값으로 올바른 것은?

	A	B
1	성명	성과점수
2	오 과장	85
3	민 대리	90
4	백 사원	92
5	최 대리	88
6		
7	부분합계	

① 175

② 355

③ 267

④ 177

✔해설 CHOOSE 함수는 'CHOOSE(인수,값1,값2,…)'과 같이 표시하며, 인수의 번호에 해당하는 값을 구하게 된다. 다시 말해, 인수가 1이면 값1을, 인수가 2이면 값2를 선택하게 된다. 따라서 두 번째 인수인 B4가 해당되어 B2:B4의 합계를 구하게 되므로 정답은 267이 된다.

11 다음 중 RAM에 관한 설명으로 옳지 않은 것은?

① DRAM이 가격은 저가이고 SRAM의 가격은 상대적으로 고가이다.

② DRAM은 재충전이 필요없고 SRAM은 재충전이 필요하다.

③ DRAM은 주기억장치로 사용되고 SRAM은 캐시메모리로 사용된다.

④ DRAM은 집적도가 크고 SRAM은 상대적으로 집적도가 낮다.

✔해설

	DRAM	SRAM
가격	저가	고가
재충전	재충전 필요	필요없음
속도	느림	빠름
용도	주기억장치	캐시메모리
집적도	크다	낮다

12 다음에서 설명하고 있는 개념은 무엇인가?

> 메모리를 주기억장치의 용량으로 제한하지 않고 보조기억장치의 용량까지 확대 사용한 것

① 캐시기억장치   ② 연관기억장치

③ 가상기억장치   ④ 출력장치

> **✔해설** ① 중앙처리장치와 주기억장치 사이에 있는 메모리로 중앙처리장치의 동작과 동등한 속도로 접근할 수 있다.
> ② 기억된 데이터의 내용에 의해 접근하는 기억장치이며, 일명 내용지정메모리라 하기도 한다.
> ④ 컴퓨터로 처리된 결과를 문자, 숫자, 도형 등 사람이 인식할 수 있는 다양한 형태로 변환해 주는 장치

13 다음 중 개념에 관한 설명으로 옳은 것은?

① 비트(Bit) : Binary Digit의 약자로 데이터(정보) 표현의 최소 단위

② 바이트(Byte) : 하나의 문자, 숫자, 기호의 단위로 16Bit의 모임

③ 레코드(Record) : 항목(Item) 이라고도 하며, 하나의 수치 또는 일련의 문자열로 구성되는 자료처리의 최소단위

④ 데이터베이스(Database) : 하나 이상의 필드가 모여 구성되는 프로그램 처리의 기본 단위

> **✔해설** ② 바이트(Byte) : 하나의 문자, 숫자, 기호의 단위로 8Bit의 모임
> ③ 레코드(Record) : 하나 이상의 필드가 모여 구성되는 프로그램 처리의 기본 단위
> ④ 데이터베이스(Database) : 자료의 중복을 배제하고 검색과 갱신이 효율적으로 구성된 통합 데이터의 집합

Answer   10.③   11.②   12.③   13.①

14 다음 중 컴퓨터 보안 위협의 형태와 그 내용에 대한 설명이 올바르게 연결되지 않은 것은 어느 것인가?

① 피싱(Phishing) – 유명 기업이나 금융기관을 사칭한 가짜 웹 사이트나 이메일 등으로 개인의 금융정보와 비밀번호를 입력하도록 유도하여 예금 인출 및 다른 범죄에 이용하는 수법

② 스푸핑(Spoofing) – 악의적인 목적으로 임의로 웹 사이트를 구축해 일반 사용자의 방문을 유도한 후 시스템 권한을 획득하여 정보를 빼가거나 암호와 기타 정보를 입력하도록 속이는 해킹 수법

③ 디도스(DDoS) – 시스템에 불법적인 행위를 수행하기 위하여 다른 프로그램으로 위장하여 특정 프로그램을 침투시키는 행위

④ 스니핑(Sniffing) – 네트워크 주변을 지나다니는 패킷을 엿보면서 아이디와 패스워드를 알아내는 행위

> ✅**해설** 디도스(DDoS)는 분산 서비스 거부 공격으로, 특정 사이트에 오버 플로우를 일으켜서 시스템이 서비스를 거부하도록 만드는 것이다. 한편, 보기에 제시된 설명은 '트로이 목마'를 의미하는 내용이다.

15 개인정보 유출방지 방법으로 적절하지 못한 것은?

① 사이트 회원 가입시 이용약관 반드시 읽기
② 이용목적에 부합하는 정보를 요구하는지 확인하기
③ 정체가 불분명한 사이트에는 가입을 하지 않기
④ 비밀번호는 생년월일로 외우기 쉬운 것 사용하기

> ✅**해설** 개인정보 유출방지 방법
> ㉠ 회원가입 시 이용약관을 반드시 읽어야 한다.
> ㉡ 이용 목적에 부합하는 정보를 요구하는 확인하여야 한다.
> ㉢ 비밀번호는 정기적으로 자주 교체하여야 한다.
> ㉣ 정체가 불분명한 사이트는 가입을 절제하여야 한다.
> ㉤ 가입 해지시 정보의 파기 여부를 확인하여야 한다.
> ㉥ 생년월일, 전화번호 등 쉽게 유추할 수 있는 비밀번호는 사용하지 말아야 한다.

16 엑셀 사용 시 발견할 수 있는 다음과 같은 오류 메시지 중 설명이 올바르지 않은 것은 어느 것인가?

① #DIV/0! – 수식에서 어떤 값을 0으로 나누었을 때 표시되는 오류 메시지
② #N/A – 함수나 수식에 사용할 수 없는 데이터를 사용했을 경우 발생하는 오류 메시지
③ #NULL! – 잘못된 인수나 피연산자를 사용했을 경우 발생하는 오류 메시지
④ #NUM! – 수식이나 함수에 잘못된 숫자 값이 포함되어 있을 경우 발생하는 오류 메시지

> ✔해설 '#NULL!'은 교차하지 않은 두 영역의 교차점을 참조 영역으로 지정하였을 경우 발생하는 오류 메시지이며, 잘못된 인수나 피연산자를 사용했을 경우 발생하는 오류 메시지는 #VALUE!이다.

17 다음과 같은 시트에서 이름에 '철'이라는 글자가 포함된 셀의 서식을 채우기 색 '노랑', 글꼴 스타일 '굵은 기울임꼴'로 변경하고자 한다. 이를 위해 [A2:A7] 영역에 설정한 조건부 서식의 수식 규칙으로 옳은 것은?

	A	B	C	D
1	이름	편집부	영업부	관리부
2	박초롱	89	65	92
3	강원철	69	75	85
4	김수현	75	86	35
5	민수진	87	82	80
6	신해철	55	89	45
7	안진철	98	65	95

① =COUNT(A2, "*철*")
② =COUNT(A2:A7, "*철*")
③ =COUNTIF(A2, "*철*")
④ =COUNTIF(A2:A7, "*철*")

> ✔해설 =COUNTIF를 입력 후 범위를 지정하면 지정한 범위 내에서 중복값을 찾는다.
> ㉠ COUNT함수 : 숫자가 입력된 셀의 개수를 구하는 함수
> ㉡ COUNTIF함수 : 조건에 맞는 셀의 개수를 구하는 함수
> '철'을 포함한 셀을 구해야 하므로 조건을 구하는 COUNTIF함수를 사용하여야 한다.
> A2행으로부터 한 칸씩 내려가며 '철'을 포함한 셀을 찾아야 하므로 A2만 사용한다.

Answer 14.③ 15.④ 16.③ 17.③

18 다음 중 워크시트 셀에 데이터를 자동으로 입력하는 방법에 대한 설명으로 옳지 않은 것은?

① 셀에 입력하는 문자 중 처음 몇 자가 해당 열의 기존 내용과 일치하면 나머지 글자가 자동으로 입력된다.

② 실수인 경우 채우기 핸들을 이용한 [연속 데이터 채우기]의 결과는 소수점 이하 첫째 자리의 숫자가 1씩 증가한다.

③ 채우기 핸들을 이용하면 숫자, 숫자/텍스트 조합, 날짜 또는 시간 등 여러 형식의 데이터 계열을 빠르게 입력할 수 있다.

④ 사용자 지정 연속 데이터 채우기를 사용하면 이름이나 판매 지역 목록과 같은 특정 데이터의 연속 항목을 더 쉽게 입력할 수 있다.

> ✔해설 실수인 경우 채우기 핸들을 이용한 [연속 데이터 채우기]의 결과는 일의 자리 숫자가 1씩 증가한다.

19 다음 중 ( ) 안에 들어갈 알맞은 말은 무엇인가?

> 분석과제의 발생→과제(요구)의 분석→조사항목의 선정→( )→자료의 조사→수집정보의 분류→항목별 분석→종합·결론→활용·정리

① 1차 자료 조사 ② 조사정보의 선정
③ 관련 정보의 수집 ④ 관련 정보의 분석

> ✔해설 정보분석의 절차
> 분석과제의 발생→과제(요구)의 분석→조사항목의 선정→관련 정보의 수집→기존 및 신규 자료의 조사→수집정보의 분류→항목별 분석→종합·결론→활용·정리

20 다음 중 아래의 〈수정 전〉 차트를 〈수정 후〉 차트와 같이 변경하려고 할 때 사용해야 할 서식은?

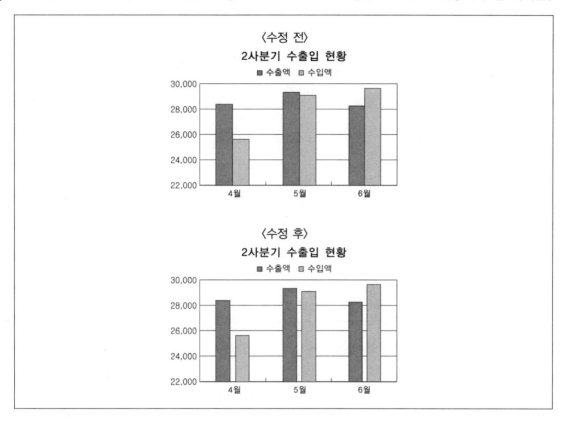

① 차트 영역 서식   ② 그림 영역 서식
③ 데이터 계열 서식   ④ 축 서식

✔해설 [계열 옵션] 탭에서 '계열 겹치기' 값을 입력하거나 막대 바를 이동시키면 된다.

21 다음 그림과 같이 [A2:D5] 영역을 선택하여 이름을 정의한 경우에 대한 설명으로 옳지 않은 것은?

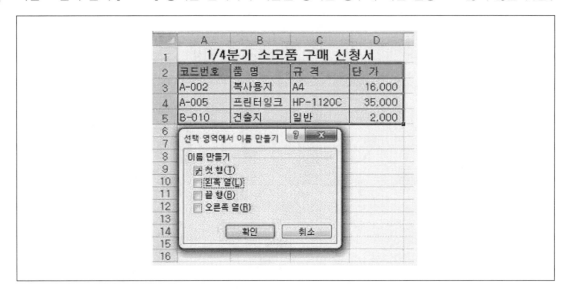

① 정의된 이름은 모든 시트에서 사용할 수 있으며, 이름 정의 후 참조 대상을 편집할 수도 있다.

② 현재 통합문서에 이미 사용 중인 이름이 있는 경우 기존 정의를 바꿀 것인지 묻는 메시지 창이 표시된다.

③ 워크시트의 이름 상자에서 '코드번호'를 선택하면 [A3:A5] 영역이 선택된다.

④ [B3:B5] 영역을 선택하면 워크시트의 이름 상자에 '품 명'이라는 이름이 표시된다.

> **✔해설** [B3:B5] 영역을 선택하면 워크시트의 이름 상자 '품_명'이라는 이름이 표시되며, 이름은 공백을 가질 수 없다.

22 다음 보고서에 대한 설명으로 옳지 않은 것은? (단, 이 보고서는 전체 4페이지이며, 현재 페이지는 2페이지이다.)

거래처별 제품목록				
거래처명	제품번호	제품이름	단가	재고량
㈜맑은세상	15	아쿠아렌즈	₩50,000	22
	14	바슈롬렌즈	₩35,000	15
	20	C-BR렌즈	₩50,000	3
	제품수:	3	총재고량:	40
거래처명	제품번호	제품이름	단가	재고량
참아이㈜	9	선글래스C	₩170,000	10
	7	선글래스A	₩100,000	23
	8	선글래스B	₩120,000	46
				2/4

① '거래처명'을 표시하는 컨트롤은 '중복내용 숨기기' 속성이 '예'로 설정되어 있다.

② '거래처명'에 대한 그룹 머리글 영역이 만들어져 있고, '반복 실행 구역'속성이 '예'로 설정되어 있다.

③ '거래처명'에 대한 그룹 바닥글 영역이 설정되어 있고, 요약 정보를 표시하고 있다.

④ '거래처별 제품목록'이라는 제목은 '거래처명'에 대한 그룹 머리글 영역에 만들어져 있다.

✔해설 '거래처별 제품목록'이라는 제목은 '거래처명'에 대한 그룹 머리글 영역이 아니라 페이지 머리글이다.

Answer 21.④ 22.④

23 다음 중 행정기관이 업무를 효율적으로 처리하고 책임 소재를 명확하게 하기 위하여 소관 업무를 단위업무별로 분장하고 그에 따른 단위업무에 대한 업무계획, 업무 현황 및 그 밖의 참고자료 등을 체계적으로 정리한 업무 자료 철을 무엇이라고 하는가?

① 업무현황집   ② 집무처리집

③ 행정편람   ④ 직무편람

> ✔ **해설** 직무편람은 부서별 또는 개인별로 그 소관업무에 대한 업무계획 관련 업무 현황 기타 참고자료 등을 체계적으로 정리하여 활용하는 업무 현황 철 또는 업무 참고 철을 말한다.

24 정보능력에 대한 설명으로 옳지 않은 것은?

① 직장인은 업무를 수행하는데 있어 목적에 적합한 정보를 수집하는 것이 중요하다.

② 업무를 수행하는데 있어 정보를 산더미처럼 수집하였다면 정보가 충분하다는 것이다.

③ 업무를 수행하기 위해서는 효율적인 정보관리 방법을 숙지하는 것이 중요하다.

④ 정보를 효과적으로 활용하면 합리적 의사결정이 가능하고 위험을 사전에 예방할 수도 있다.

> ✔ **해설** 업무를 수행하는데 있어 정보를 산더미처럼 수집하였다고 하여 의미 있는 것이 아니다. 정보는 체계적인 분석 및 가공 절차가 필요하며, 이를 통해 불확실한 장래를 어느 정도 예측할 수 있어야 한다.

25 다음은 어느 자격증 시험의 점수를 나타낸 엑셀 표이다. 다음을 합계점수가 높은 순으로 5명씩 10명만 인쇄하려고 한다. 다음 중 옳지 않은 것은? (단, 2행의 내용은 두 페이지 모두에 나오게 해야 한다)

A	B	C	D	E	F	G	H
1							
2	접수코드	성명	성별	필기	실기	합계	
3	OP007K	강경식	남	65	43	108	
4	OP011S	강현수	남	100	97	197	
5	OP009S	이대욱	남	80	55	135	
6	OP004S	김애란	여	55	70	125	
7	OP005K	노소연	여	67	50	117	
8	OP016K	마은성	여	70	62	132	
9	OP001S	마창진	남	42	70	112	
10	OP013S	민병철	남	70	65	135	
11	OP010K	정영진	여	46	23	69	
12	OP020S	서예희	여	70	72	142	
13	OP008S	신민경	여	60	57	117	
14	OP002K	유영철	남	43	100	143	
15	OP017S	이성환	여	69	52	121	
16	OP018S	이영애	여	72	84	156	
17	OP003K	이한일	남	57	60	117	
18	OP014K	임홍삼	남	100	86	186	
19	OP019K	정보진	남	90	88	178	
20	OP012S	최한기	남	50	63	113	
21	OP015K	황규하	남	60	80	140	
22	OP006K	황길호	남	35	42	77	

① G열 텍스트 오름차순 정렬

② 페이지 설정 〉 [시트]탭 〉 반복할 행 "$2:$2"

③ 7, 8행 사이에 페이지 나누기 삽입

④ 페이지 설정 〉 [시트]탭 〉 인쇄영역 "B2:G12"

✔ 해설 ① 합계점수가 높은 순으로 정렬 후 인쇄해야 하므로 텍스트 오름차순이 아닌 텍스트 내림차순으로 정렬해야 한다.

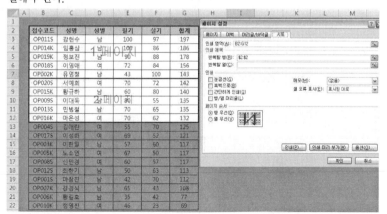

Answer　23.④　24.②　25.①

책임자	제품코드번호	책임자	제품코드번호
강경모	15063G0200700031	고건국	15046O0401900018
공석준	15033G0301300003	나경록	15072E0200900025
문정진	15106P0200800024	박진철	15025M0401500008
송영진	15087Q0301100017	신현규	15111A0100500021
지석원	15054J0201000005	최용상	15018T0401700013

생산연월	생산공장			제품종류			생산순서
	지역코드		고유번호	분류코드		고유번호	
	1	경기도	A 1공장	01	침실가구	001 침대	
			B 2공장			002 매트리스	
			C 3공장			003 장롱	
	2	울산	D 1공장			004 서랍장	
			E 2공장			005 화장대	
			F 3공장			006 거울	
	3	부산	G 1공장	02	거실가구	007 TV	
∙ 1503			H 2공장			008 장식장	00001부터 시
– 2015년 3월			I 3공장			009 소파	작하여 생산 순
	4	인천	J 1공장			010 테이블	서대로 5자리의
∙ 1512			K 2공장	03	서재가구	011 책꽂이	번호가 매겨짐
– 2015년 12월			L 3공장			012 책상	
	5	대구	M 1공장			013 의자	
			N 2공장			014 책장	
	6	광주	O 1공장	04	수납가구	015 선반	
			P 2공장			016 공간박스	
	7	제주	Q 1공장			017 코너장	
			R 2공장			018 소품수납함	
	8	대전	S 1공장			019 행거	
			T 2공장			020 수납장	

〈예시〉

2015년 9월에 경기도 1공장에서 15번째로 생산된 침실가구 장롱 코드 1509-1A-01003-00015

1509	–	1A	–	01003	–	00015
(생산연월)		(생산공장)		(제품종류)		(생산순서)

26 △△그룹의 제품 중 2015년 5월에 부산 3공장에서 19번째로 생산된 서재가구 책상의 코드로 알맞은 것은?

① 15051C0301300019

② 15053I0301200019

③ 15053I0301100019

④ 15051C0301400019

> ✔ 해설 · 2015년 5월 : 1505
> · 부산 3공장 : 3I
> · 서재가구 책상 : 03012
> · 19번째로 생산 : 00019

27 1공장에서 생산된 제품들 중 현재 물류창고에 보관하고 있는 거실가구는 모두 몇 개인가?

① 1개

② 2개

③ 3개

④ 4개

> ✔ 해설 '15063G0200700031', '15054J0201000005' 총 2개이다.

28 다음 중 광주에서 생산된 제품을 보관하고 있는 물류창고의 책임자들끼리 바르게 연결된 것은?

① 고건국 – 문정진

② 강경모 – 공석준

③ 박진철 – 최용상

④ 나경록 – 지석원

> ✔ 해설 ① 고건국이 책임자로 있는 물류창고에는 광주 1공장에서 생산된 제품이 보관되어 있고 문정진이 책임자로 있는 물류창고에는 광주 2공장에서 생산된 제품이 보관되어 있다.

29 어머님이 새로 핸드폰을 장만하셔서 핸드폰 사용법을 알려드렸다. 또한 전화번호 검색하는 법을 가르쳐 드렸다. 다음은 어머님의 핸드폰에 저장되어 있는 연락처의 일부이다. 검색결과로 옳은 것은?

이름	번호
김예지	01062253722
박소연	01049713962
전주희	01037078174
서현준	01094105021
안주환	01046717428
송해준	01037077354
박윤진	01092631172
우민희	01072468103
한현지	01059651936

① '72'를 누르면 3명이 뜬다.

② 'ㅅ'을 누르면 4명이 뜬다.

③ '3707'을 누르면 1명이 뜬다.

④ '3'을 누르면 1명을 제외한 모든 사람이 나온다.

> ✔ 해설　'72'를 누르면 김예지, 박윤진, 우민희 3명이 뜬다.
> ② 'ㅅ'을 누르면 3명이 뜬다.
> ③ '3707'을 누르면 2명이 뜬다.
> ④ '3'을 누르면 2명을 제외한 모든 사람이 나온다.

30 다음은 업무에 필요한 소프트웨어에 대해 설명한 자료이다. 그런데 빨리 정리하다보니 잘못된 내용이 정리되어 있는 것이 발견되었다. 잘못 설명된 내용은 어느 것인가?

프로그램명	설명
워드프로세서	문서를 작성하고 편집하거나 저장, 인쇄할 수 있는 프로그램 예 Word, HWP
스프레드시트	대량의 자료를 관리하고 검색하거나 자료 관리를 효과적으로 하게 하는 프로그램 예 오라클, Access
프레젠테이션	각종 정보를 사용자 또는 다수의 대상에게 시각적으로 전달하는데 적합한 프로그램 예 Power Point, 프리랜스 그래픽스
그래픽 소프트웨어	새로운 그림을 그리거나 그림 또는 사진 파일을 불러와 편집하는 프로그램 예 포토샵, 일러스트레이터, 3DS MAX
유틸리티	사용자가 컴퓨터를 효과적으로 사용하는데 도움이 되는 프로그램 예 파일 압축 유틸리티, 바이러스 백신, 동영상 재생 프로그램

① 워드프로세서
② 스프레드시트
③ 프레젠테이션
④ 그래픽 소프트웨어

✔ 해설 스프레드시트는 계산프로그램으로 워드프로세서 기능 이외에도 수치나 공식을 입력하여 그 값을 계산하고 계산 결과를 표나 차트로 나타낼 수 있는 프로그램으로 대표적으로 Excel이 해당된다.

31 인천교통공사의 미션과 비전이 바르게 연결된 것은?

① 안전한 도시철도 – 편리한 교통서비스

② 사람과 도시를 연결하는 교통서비스 – 최고 수준의 안전운행

③ 최고의 교통서비스 제공으로 시민행복 추구 – 행복하고 안전한 세상

④ 사람·세상·미래를 잇는 교통서비스 – 고객만족, 직원행복

> ✔해설 인천교통공사의 미션과 비전
> 미션 : 최고의 교통서비스 제공으로 시민행복 추구
> 비전 : 행복하고 안전한 세상, 함께하는 인천교통공사

32 인천교통공사의 경영전략으로 틀린 것은?

① 고객 행복 경영

② 지속 성장 경영

③ 안전 우선 경영

④ 소통 공감 경영

> ✔해설 인천교통공사의 4대 경영전략은 안전 우선 경영, 고객 행복 경영, 지속 성장 경영, 동반 생생 경영이다.

33 인천교통공사의 경영목표로 맞는 것은?

① 소통과 공감의 신뢰경영

② 미래 선도 국가 대표 종합교통공기업 도약

③ 시스템 기반 최고 수준의 안전 운행

④ 지속가능한 혁신 경영관리 체계 구축

> ✔해설 인천교통공사의 2025중장기 경영목표는 '미래 선도 국가 대표 종합교통공기업 도약'이다.

34 인천교통공사의 경영전략과 전략과제가 틀리게 연결된 것은?

① 동반 상생 경영 – 참여와 협력의 노사관계 발전
② 안전 우선 경영 – 쾌적하고 편리한 이용환경 조성
③ 지속 성장 경영 – 조직역량 강화
④ 고객 행복 경영 – 고객만족 열린 환경 조성

✔해설 인천교통공사의 4대 경영전략과 12대 전략과제

경영전략	안전 우선 경영	고객 행복 경영	지속 성장 경영	동반 상생 경영
전략과제	• 안전경영시스템 고도화 • 노후 전동차 및 시설·설비 개선 • 스마트 안전인프라 확충	• 고객서비스 품질 향상 • 고객만족 열린 환경 조성 • 쾌적하고 편리한 이용환경 조성	• 영업수익 증대 • 조직역량 강화 • 경영효율 달성	• 소통과 공감의 조직문화 구축 • 참여와 협력의 노사관계 발전 • 지방공기업 사회적 책임 이행

35 인천교통공사를 대표하는 캐릭터의 이름으로 알맞은 것은?

① 아이로
② 레일로
③ 마일로
④ 누리로

✔해설 인천의 대표 이니셜 아이(I)와 한자 길 로(路)를 조합하여, 인천 제1의 대중교통으로서 고객과 함께 가는 길, 고객과 함께 인천교통공사를 상징하는 아이로는 인천1호선 전동차를 모티브로 인천교통공사의 CI 컬러를 적용한 밝고 친근한 어린아이의 모습을 나타내고 있다.

ORANGE 안전　　　**BLUE** 고객지향　　　**GREEN** 환경　　　**육상교통**

Answer 31.③ 32.④ 33.② 34.② 35.①

CHAPTER 04 대인관계능력

01 직장생활에서의 대인관계

(1) 대인관계능력

① 의미 … 직장생활에서 협조적인 관계를 유지하고, 조직구성원들에게 도움을 줄 수 있으며, 조직내부 및 외부의 갈등을 원만히 해결하고 고객의 요구를 충족시켜줄 수 있는 능력이다.

② 인간관계를 형성할 때 가장 중요한 것은 자신의 내면이다.

예제 1

인간관계를 형성하는데 있어 가장 중요한 것은?

① 외적 성격 위주의 사고
② 이해득실 위주의 만남
③ 자신의 내면
④ 피상적인 인간관계 기법

출제의도

인간관계형성에 있어서 가장 중요한 요소가 무엇인지 묻는 문제다.

해 설

③ 인간관계를 형성하는데 있어서 가장 중요한 것은 자신의 내면이고 이때 필요한 기술이나 기법 등은 자신의 내면에서 자연스럽게 우러나와야 한다.

답 ③

---

(2) 대인관계 향상 방법

① 감정은행계좌 … 인간관계에서 구축하는 신뢰의 정도

② 감정은행계좌를 적립하기 위한 6가지 주요 예입 수단

  ㉠ 상대방에 대한 이해심

  ㉡ 사소한 일에 대한 관심

  ㉢ 약속의 이행

  ㉣ 기대의 명확화

  ㉤ 언행일치

  ㉥ 진지한 사과

(1) 팀워크능력

① 팀워크의 의미

　㉠ 팀워크와 응집력

　　• 팀워크 : 팀 구성원이 공동의 목적을 달성하기 위해 상호 관계성을 가지고 협력하여 일을 해 나가는 것

　　• 응집력 : 사람들로 하여금 집단에 머물도록 만들고 그 집단의 멤버로서 계속 남아있기를 원하게 만드는 힘

예제 2

A회사에서는 격주로 사원 소식지 '우리가족'을 발행하고 있다. 이번 호의 특집 테마는 팀워크에 대한 것으로, 좋은 사례를 모으고 있다. 다음 중 팀워크의 사례로 가장 적절하지 않은 것은 무엇인가?

① 팀원들의 개성과 장점을 살려 사내 직원 연극대회에서 대상을 받을 수 있었던 사례

② 팀장의 갑작스러운 부재 상황에서 팀원들이 서로 역할을 분담하고 소통을 긴밀하게 하면서 팀의 당초 목표를 원만하게 달성할 수 있었던 사례

③ 자재 조달의 차질로 인해 납기 준수가 어려웠던 상황을 팀원들이 똘똘 뭉쳐 헌신적으로 일한 결과 주문 받은 물품을 성공적으로 납품할 수 있었던 사례

④ 팀의 분위기가 편안하고 인간적이어서 주기적인 직무순환 시기가 도래해도 다른 부서로 가고 싶어 하지 않는 사례

출제의도

팀워크와 응집력에 대한 문제로 각 용어에 대한 정의를 알고 이를 실제 사례를 통해 구분할 수 있어야 한다.

해　설

④ 응집력에 대한 사례에 해당한다.

답 ④

　㉡ 팀워크의 유형

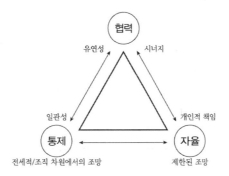

② 효과적인 팀의 특성

　㉠ 팀의 사명과 목표를 명확하게 기술한다.

　㉡ 창조적으로 운영된다.

　㉢ 결과에 초점을 맞춘다.

② 역할과 책임을 명료화시킨다.

　　⑩ 조직화가 잘 되어 있다.

　　⑪ 개인의 강점을 활용한다.

　　⑭ 리더십 역량을 공유하며 구성원 상호간에 지원을 아끼지 않는다.

　　⑮ 팀 풍토를 발전시킨다.

　　⑯ 의견의 불일치를 건설적으로 해결한다.

　　⑰ 개방적으로 의사소통한다.

　　⑱ 객관적인 결정을 내린다.

　　⑲ 팀 자체의 효과성을 평가한다.

③ 멤버십의 의미

　　㉠ 멤버십은 조직의 구성원으로서의 자격과 지위를 갖는 것으로 훌륭한 멤버십은 팔로워십(followership)의 역할을 충실하게 수행하는 것이다.

　　㉡ 멤버십 유형 : 독립적 사고와 적극적 실천에 따른 구분

구분	소외형	순응형	실무형	수동형	주도형
자아상	• 자립적인 사람 • 일부러 반대의견 제시 • 조직의 양심	• 기쁜 마음으로 과업 수행 • 팀플레이를 함 • 리더나 조직을 믿고 헌신함	• 조직의 운영방침에 민감 • 사건을 균형 잡힌 시각으로 봄 • 규정과 규칙에 따라 행동함	• 판단, 사고를 리더에 의존 • 지시가 있어야 행동	• 스스로 생각하고 건설적 비판을 하며 자기 나름의 개성이 있고 혁신적·창조적 • 솔선수범하고 주인의식을 가지며 적극적으로 참여하고 자발적, 기대 이상의 성과를 내려고 노력
동료/ 리더의 시각	• 냉소적 • 부정적 • 고집이 셈	• 아이디어가 없음 • 인기 없는 일은 하지 않음 • 조직을 위해 자신과 가족의 요구를 양보함	• 개인의 이익을 극대화하기 위한 홍정에 능함 • 적당한 열의와 평범한 수완으로 업무 수행	• 하는 일이 없음 • 제 몫을 하지 못 함 • 업무 수행에는 감독이 반드시 필요	
조직에 대한 자신의 느낌	• 자신을 인정 안 해줌 • 적절한 보상이 없음 • 불공정하고 문제가 있음	• 기존 질서를 따르는 것이 중요 • 리더의 의견을 거스르는 것은 어려운 일임 • 획일적인 태도 행동에 익숙함	• 규정준수를 강조 • 명령과 계획의 빈번한 변경 • 리더와 부하 간의 비인간적 풍토	• 조직이 나의 아이디어를 원치 않음 • 노력과 공헌을 해도 아무 소용이 없음 • 리더는 항상 자기 마음대로 함	

④ 팀워크 촉진 방법

　　㉠ 동료 피드백 장려하기

　　㉡ 갈등 해결하기

　　㉢ 창의력 조성을 위해 협력하기

　　㉣ 참여적으로 의사결정하기

(2) 리더십능력

① 리더십의 의미 ⋯ 리더십이란 조직의 공통된 목적을 달성하기 위하여 개인이 조직원들에게 영향을 미치는 과정이다.

　　㉠ 리더십 발휘 구도 : 산업 사회에서는 상사가 하급자에게 리더십을 발휘하는 수직적 구조였다면 정보 사회로 오면서 하급자뿐만 아니라 동료나 상사에게까지도 발휘하는 정방위적 구조로 바뀌었다.

　　㉡ 리더와 관리자

리더	관리자
• 새로운 상황 창조자	• 상황에 수동적
• 혁신지향적	• 유지지향적 둠.
• 내일에 초점을 둠.	• 오늘에 초점을 둠.
• 사람의 마음에 불을 지핀다.	• 사람을 관리한다.
• 사람을 중시	• 체제나 기구를 중시
• 정신적	• 기계적
• 계산된 리스크를 취한다.	• 리스크를 회피한다.
• '무엇을 할까'를 생각한다.	• '어떻게 할까'를 생각한다.

예제 3

리더에 대한 설명으로 옳지 않은 것은?

① 사람을 중시한다.
② 오늘에 초점을 둔다.
③ 혁신지향적이다.
④ 새로운 상황 창조자이다.

출제의도

리더와 관리자에 대한 문제로 각각에 대해 완벽하게 구분할 수 있어야 한다.

해 설

② 리더는 내일에 초점을 둔다.

답 ②

    ⊙ 독재자 유형 : 정책의사결정과 대부분의 핵심정보를 그들 스스로에게만 국한하여 소유하고 고수하려는 경향이 있다. 통제 없이 방만한 상태, 가시적인 성과물이 안 보일 때 효과적이다.

    ⓛ 민주주의에 근접한 유형 : 그룹에 정보를 잘 전달하려고 노력하고 전체 그룹의 구성원 모두를 목표방향으로 설정에 참여하게 함으로써 구성원들에게 확신을 심어주려고 노력한다. 혁신적이고 탁월한 부하직원들을 거느리고 있을 때 효과적이다.

    ⓒ 파트너십 유형 : 리더와 집단 구성원 사이의 구분이 희미하고 리더가 조직에서 한 구성원이 되기도 한다. 소규모 조직에서 경험, 재능을 소유한 조직원이 있을 때 효과적으로 활용할 수 있다.

    ⓔ 변혁적 리더십 유형 : 개개인과 팀이 유지해 온 업무수행 상태를 뛰어넘어 전체 조직이나 팀원들에게 변화를 가져오는 원동력이 된다. 조직에 있어 획기적인 변화가 요구될 때 활용할 수 있다.

③ 동기부여 방법

    ⊙ 긍정적 강화법을 활용한다.

    ⓛ 새로운 도전의 기회를 부여한다.

    ⓒ 창의적인 문제해결법을 찾는다.

    ⓔ 책임감으로 철저히 무장한다.

    ⓜ 몇 가지 코칭을 한다.

    ⓗ 변화를 두려워하지 않는다.

    ⓢ 지속적으로 교육한다.

④ 코칭

    ⊙ 코칭은 조직의 지속적인 성장과 성공을 만들어내는 리더의 능력으로 직원들의 능력을 신뢰하며 확신하고 있다는 사실에 기초한다.

    ⓛ 코칭의 기본 원칙

      • 관리는 만병통치약이 아니다.

      • 권한을 위임한다.

      • 훌륭한 코치는 뛰어난 경청자이다.

      • 목표를 정하는 것이 가장 중요하다.

⑤ 임파워먼트 … 조직성원들을 신뢰하고 그들의 잠재력을 믿으며 그 잠재력의 개발을 통해 High Performance 조직이 되도록 하는 일련의 행위이다.

    ⊙ 임파워먼트의 이점(High Performance 조직의 이점)

      • 나는 매우 중요한 일을 하고 있으며, 이 일은 다른 사람이 하는 일보다 훨씬 중요한 일이다.

      • 일의 과정과 결과에 나의 영향력이 크게 작용했다.

- 나는 정말로 도전하고 있고 나는 계속해서 성장하고 있다.
- 우리 조직에서는 아이디어가 존중되고 있다.
- 내가 하는 일은 항상 재미가 있다.
- 우리 조직의 구성원들은 모두 대단한 사람들이며, 다 같이 협력해서 승리하고 있다.

ⓛ 임파워먼트의 충족 기준
- 여건의 조건 : 사람들이 자유롭게 참여하고 기여할 수 있는 여건 조성
- 재능과 에너지의 극대화
- 명확하고 의미 있는 목적에 초점

ⓒ 높은 성과를 내는 임파워먼트 환경의 특징
- 도전적이고 흥미 있는 일
- 학습과 성장의 기회
- 높은 성과와 지속적인 개선을 가져오는 요인들에 대한 통제
- 성과에 대한 지식
- 긍정적인 인간관계
- 개인들이 공헌하며 만족한다는 느낌
- 상부로부터의 지원

ⓔ 임파워먼트의 장애요인
- 개인 차원 : 주어진 일을 해내는 역량의 결여, 동기의 결여, 결의의 부족, 책임감 부족, 의존성
- 대인 차원 : 다른 사람과의 성실성 결여, 약속 불이행, 성과를 제한하는 조직의 규범, 갈등처리 능력 부족, 승패의 태도
- 관리 차원 : 통제적 리더십 스타일, 효과적 리더십 발휘 능력 결여, 경험 부족, 정책 및 기획의 실행 능력 결여, 비전의 효과적 전달능력 결여
- 조직 차원 : 공감대 형성이 없는 구조와 시스템, 제한된 정책과 절차

⑥ 변화관리의 3단계 : 변화 이해 → 변화 인식 → 변화 수용

(3) 갈등관리능력

① 갈등의 의미 및 원인
ㄱ 갈등이란 상호 간의 의견차이 때문에 생기는 것으로 당사가 간에 가치, 규범, 이해, 아이디어, 목표 등이 서로 불일치하여 충돌하는 상태를 의미한다.

ⓒ 갈등을 확인할 수 있는 단서
  - 지나치게 감정적으로 논평과 제안을 하는 것
  - 타인의 의견발표가 끝나기도 전에 타인의 의견에 대해 공격하는 것
  - 핵심을 이해하지 못한데 대해 서로 비난하는 것
  - 편을 가르고 타협하기를 거부하는 것
  - 개인적인 수준에서 미묘한 방식으로 서로를 공격하는 것
  ⓒ 갈등을 증폭시키는 원인 : 적대적 행동, 입장 고수, 감정적 관여 등

② 실제로 존재하는 갈등 파악
  ㉠ 갈등의 두 가지 쟁점

핵심 문제	감정적 문제
- 역할 모호성 - 방법에 대한 불일치 - 목표에 대한 불일치 - 절차에 대한 불일치 - 책임에 대한 불일치 - 가치에 대한 불일치 - 사실에 대한 불일치	- 공존할 수 없는 개인적 스타일 - 통제나 권력 확보를 위한 싸움 - 자존심에 대한 위협 - 질투 - 분노

예제 4

갈등의 두 가지 쟁점 중 감정적 문제에 대한 설명으로 적절하지 않은 것은?

① 공존할 수 없는 개인적 스타일
② 역할 모호성
③ 통제나 권력 확보를 위한 싸움
④ 자존심에 대한 위협

출제의도

갈등의 두 가지 쟁점인 핵심문제와 감정적 문제에 대해 묻는 문제로 이 두 가지 쟁점을 구분할 수 있는 능력이 필요하다.

해 설

② 갈등의 두 가지 쟁점 중 핵심 문제에 대한 설명이다.

답 ②

  ㉡ 갈등의 두 가지 유형
  - 불필요한 갈등 : 개개인이 저마다 문제를 다르게 인식하거나 정보가 부족한 경우, 편견 때문에 발생한 의견 불일치로 적대적 감정이 생길 때 불필요한 갈등이 일어난다.
  - 해결할 수 있는 갈등 : 목표와 욕망, 가치, 문제를 바라보는 시각과 이해하는 시각이 다를 경우에 일어날 수 있는 갈등이다.

③ 갈등해결 방법

    ㉠ 다른 사람들의 입장을 이해한다.

    ㉡ 사람들이 당황하는 모습을 자세하게 살핀다.

    ㉢ 어려운 문제는 피하지 말고 맞선다.

    ㉣ 자신의 의견을 명확하게 밝히고 지속적으로 강화한다.

    ㉤ 사람들과 눈을 자주 마주친다.

    ㉥ 마음을 열어놓고 적극적으로 경청한다.

    ㉦ 타협하려 애쓴다.

    ㉧ 어느 한쪽으로 치우치지 않는다.

    ㉨ 논쟁하고 싶은 유혹을 떨쳐낸다.

    ㉩ 존중하는 자세로 사람들을 대한다.

④ 윈-윈(Win-Win) 갈등 관리법 … 갈등과 관련된 모든 사람으로부터 의견을 받아서 문제의 본질적인 해결책을 얻고자 하는 방법이다.

⑤ 갈등을 최소화하기 위한 기본원칙

    ㉠ 먼저 다른 팀원의 말을 경청하고 나서 어떻게 반응할 것인가를 결정한다.

    ㉡ 모든 사람이 거의 대부분의 문제에 대해 나름의 의견을 가지고 있다는 점을 인식한다.

    ㉢ 의견의 차이를 인정한다.

    ㉣ 팀 갈등해결 모델을 사용한다.

    ㉤ 자신이 받기를 원하지 않는 형태로 남에게 작업을 넘겨주지 않는다.

    ㉥ 다른 사람으로부터 그러한 작업을 넘겨받지 않는다.

    ㉦ 조금이라도 의심이 날 때에는 분명하게 말해 줄 것을 요구한다.

    ㉧ 가정하는 것은 위험하다.

    ㉨ 자신의 책임이 어디서부터 어디까지인지를 명확히 하고 다른 팀원의 책임과 어떻게 조화되는지를 명확히 한다.

    ㉩ 자신이 알고 있는 바를 알 필요가 있는 사람들을 새롭게 파악한다.

    ㉪ 나른 팀원과 불일치하는 쟁점이나 사항이 있다면 다른 사람이 아닌 당사자에게 직접 말한다.

(4) 협상능력

① 협상의 의미

    ㉠ 의사소통 차원 : 이해당사자들이 자신들의 욕구를 충족시키기 위해 상대방으로부터 최선의 것을 얻어내려 설득하는 커뮤니케이션 과정

    ㉡ 갈등해결 차원 : 갈등관계에 있는 이해당사자들이 대화를 통해서 갈등을 해결하고자 하는 상호작용과정

    ㉢ 지식과 노력 차원 : 우리가 얻고자 하는 것을 가진 사람의 호의를 쟁취하기 위한 것에 관한 지식이며 노력의 분야

    ㉣ 의사결정 차원 : 선호가 서로 다른 협상 당사자들이 합의에 도달하기 위해 공동으로 의사결정 하는 과정

    ㉤ 교섭 차원 : 둘 이상의 이해당사자들이 여러 대안들 가운데서 이해당사자들 모두가 수용 가능한 대안을 찾기 위한 의사결정과정

② 협상 과정

단계	내용
협상 시작	• 협상 당사자들 사이에 상호 친근감을 쌓음 • 간접적인 방법으로 협상의사를 전달함 • 상대방의 협상의지를 확인함 • 협상진행을 위한 체제를 짬
상호 이해	• 갈등문제의 진행상황과 현재의 상황을 점검함 • 적극적으로 경청하고 자기주장을 제시함 • 협상을 위한 협상대상 안건을 결정함
실질 이해	• 겉으로 주장하는 것과 실제로 원하는 것을 구분하여 실제로 원하는 것을 찾아 냄 • 분할과 통합 기법을 활용하여 이해관계를 분석함
해결 대안	• 협상 안건마다 대안들을 평가함 • 개발한 대안들을 평가함 • 최선의 대안에 대해서 합의하고 선택함 • 대안 이행을 위한 실행계획을 수립함
합의 문서	• 합의문을 작성함 • 합의문상의 합의내용, 용어 등을 재점검함 • 합의문에 서명함

③ 협상전략

    ⊙ 협력전략 : 협상 참여자들이 협동과 통합으로 문제를 해결하고자 하는 협력적 문제해결전략

    ⓒ 유화전략 : 양보전략으로 상대방이 제시하는 것을 일방적으로 수용하여 협상의 가능성을 높이려는 전략이다. 순응전략, 화해전략, 수용전략이라고도 한다.

    ⓒ 회피전략 : 무행동전략으로 협상으로부터 철수하는 철수전략이다. 협상을 피하거나 잠정적으로 중단한다.

    ⓔ 강압전략 : 경쟁전략으로 자신이 상대방보다 힘에 있어서 우위를 점유하고 있을 때 자신의 이익을 극대화하기 위한 공격적 전략이다.

④ 상대방 설득 방법의 종류

    ⊙ See-Feel-Change 전략 : 시각화를 통해 직접 보고 스스로가 느끼게 하여 변화시켜 설득에 성공하는 전략

    ⓒ 상대방 이해 전략 : 상대방에 대한 이해를 바탕으로 갈등해결을 용이하게 하는 전략

    ⓒ 호혜관계 형성 전략 : 혜택들을 주고받은 호혜관계 형성을 통해 협상을 용이하게 하는 전략

    ⓔ 헌신과 일관성 전략 : 협상 당사자간에 기대하는 바에 일관성 있게 헌신적으로 부응하여 행동함으로서 협상을 용이하게 하는 전략

    ⓜ 사회적 입증 전략 : 과학적인 논리보다 동료나 사람들의 행동에 의해서 상대방을 설득하는 전략

    ⓗ 연결전략 : 갈등 문제와 갈등관리자를 연결시키는 것이 아니라 갈등을 야기한 사람과 관리자를 연결시킴으로서 협상을 용이하게 하는 전략

    ⓢ 권위전략 : 직위나 전문성, 외모 등을 활용하여 협상을 용이하게 하는 전략

    ⓞ 희소성 해결 전략 : 인적, 물적 자원 등의 희소성을 해결함으로서 협상과정상의 갈등해결을 용이하게 하는 전략

    ⓩ 반항심 극복 전략 : 억압하면 할수록 더욱 반항하게 될 가능성이 높아지므로 이를 피함으로서 협상을 용이하게 하는 전략

(5) 고객서비스능력

① 고객서비스의 의미 … 고객서비스란 다양한 고객의 요구를 파악하고 대응법을 마련하여 고객에게 양질의 서비스를 제공하는 것을 말한다.

② 고객의 불만표현 유형 및 대응방안

불만표현 유형	대응방안
거만형	• 정중하게 대하는 것이 좋다. • 자신의 과시욕이 채워지도록 뽐내게 내버려 둔다. • 의외로 단순한 면이 있으므로 일단 호감을 얻게 되면 득이 될 경우도 있다.
의심형	• 분명한 증거나 근거를 제시하여 스스로 확신을 갖도록 유도한다. • 때로는 책임자로 하여금 응대하는 것도 좋다.
트집형	• 이야기를 경청하고 맞장구를 치며 추켜세우고 설득해 가는 방법이 효과적이다. • '손님의 말씀이 맞습니다.' 하고 고객의 지적이 옳음을 표시한 후 '저도 그렇게 생각하고 있습니다만……' 하고 설득한다. • 잠자코 고객의 의견을 경청하고 사과를 하는 응대가 바람직하다.
빨리빨리형	• '글쎄요.', '아마' 하는 식으로 애매한 화법을 사용하지 않는다. • 만사를 시원스럽게 처리하는 모습을 보이면 응대하기 쉽다.

③ 고객 불만처리 프로세스

단계	내용
경청	• 고객의 항의를 경청하고 끝까지 듣는다. • 선입관을 버리고 문제를 파악한다.
감사와 공감표시	• 일부러 시간을 내서 해결의 기회를 준 것에 감사를 표시한다. • 고객의 항의에 공감을 표시한다.
사과	• 고객의 이야기를 듣고 문제점에 대해 인정하고, 잘못된 부분에 대해 사과한다.
해결약속	• 고객이 불만을 느낀 상황에 대해 관심과 공감을 보이며, 문제의 빠른 해결을 약속한다.
정보파악	• 문제해결을 위해 꼭 필요한 질문만 하여 정보를 얻는다. • 최선의 해결방법을 찾기 어려우면 고객에게 어떻게 해주면 만족스러운지를 묻는다.
신속처리	• 잘못된 부분을 신속하게 시정한다.
처리확인과 사과	• 불만처리 후 고객에게 처리 결과에 만족하는지를 물어본다.
피드백	• 고객 불만 사례를 회사 및 전 직원에게 알려 다시는 동일한 문제가 발생하지 않도록 한다.

④ 고객만족 조사
   ㉠ 목적 : 고객의 주요 요구를 파악하여 가장 중요한 고객요구를 도출하고 자사가 가지고 있는 자원을 토대로 경영 프로세스의 개선에 활용함으로써 경쟁력을 증대시키는 것이다.
   ㉡ 고객만족 조사계획에서 수행되어야 할 것
   • 조사 분야 및 대상 결정
   • 조사목적 설정 : 전체적 경향의 파악, 고객에 대한 개별대응 및 고객과의 관계유지 파악, 평가목적, 개선목적
   • 조사방법 및 횟수
   • 조사결과 활용 계획

예제 5

고객중심 기업의 특징으로 옳지 않은 것은?

① 고객이 정보, 제품, 서비스 등에 쉽게 접근할 수 있도록 한다.
② 보다 나은 서비스를 제공할 수 있도록 기업정책을 수립한다.
③ 고객 만족에 중점을 둔다.
④ 기업이 행한 서비스에 대한 평가는 한번으로 끝낸다.

출제의도
고객서비스능력에 대한 포괄적인 문제로 실제 고객중심 기업의 입장에서 생각해 보면 쉽게 풀 수 있는 문제다.

해 설
④ 기업이 행한 서비스에 대한 평가는 수시로 이루어져야 한다.

답 ④

출제예상문제

1 다음 글에서와 같이, 노조와의 갈등에 있어 최 사장이 보여 준 갈등해결방법은 어느 유형에 속하는가?

> 노조위원장은 임금 인상안이 받아들여지지 않자 공장의 중간관리자급들을 동원해 전격 파업을 단행하기로 하였고, 이들은 임금 인상과 더불어 자신들에게 부당한 처우를 강요한 공장장의 교체를 요구하였다. 회사의 창립 멤버로 회사 발전에 기여가 큰 공장장을 교체한다는 것은 최 사장이 단 한 번도 상상해 본 적 없는 일인지라 오히려 최 사장에게는 임금 인상 요구가 하찮게 여겨질 정도로 무거운 문제에 봉착하게 되었다. 1시간 뒤 가진 노조 대표와의 협상 테이블에서 최 사장은 임금과 부당한 처우 관련 모든 문제는 자신에게 있으니 공장장을 볼모로 임금 인상을 요구하지는 말 것을 노조 측에 부탁하였고, 공장장 교체 요구를 철회한다면 임금 인상안을 매우 긍정적으로 검토하겠다는 약속을 하게 되었다. 또한, 노조원들의 처우 관련 개선안이나 불만사항은 자신에게 직접 요청하여 합리적인 사안의 경우 즉시 수용할 것임을 전달하기도 하였다.
> 결국 이러한 최 사장의 노력을 받아들인 노조는 파업을 중단하고 다시 업무에 복귀하게 되었다.

① 수용형   ② 경쟁형

③ 타협형   ④ 통합형

✔ 해설   최 사장은 공장장 교체 요구를 철회시켜 자신에게 믿음을 보여 준 직원을 계속 유지시킬 수 있었고, 노조 측은 처우 개선과 임금 인상 요구를 관철시켰으므로 'win-win'하였다고 볼 수 있다. 통합형은 협력형(collaborating)이라고도 하는데, 자신은 물론 상대방에 대한 관심이 모두 높은 경우로서 '나도 이기고 너도 이기는 방법(win-win)'을 말한다. 이 방법은 문제해결을 위하여 서로 간에 정보를 교환하면서 모두의 목표를 달성할 수 있는 원원 해법을 찾는다. 아울러 서로의 차이를 인정하고 배려하는 신뢰감과 공개적인 대화를 필요로 한다. 통합형이 가장 바람직한 갈등해결 유형이라 할 수 있다.

2 조직 내 리더는 직원들의 의견을 적극 경청하고 필요한 지원을 아끼지 않음으로써 생산성과 기술 수준을 향상시킬 수 있어야 한다. 직원들의 자발적인 참여를 통한 조직의 성과를 달성하기 위해 리더가 보여주어야 할 동기부여의 방법에 대해 추가할 수 있는 의견으로 적절하지 않은 것은 어느 것인가?

① 목표 달성을 높이 평가하여 곧바로 보상을 한다.
② 자신의 실수나 잘못에 대한 해결책을 스스로 찾도록 분위기를 조성한다.
③ 구성원들에게 지속적인 교육과 성장의 기회를 제공한다.
④ 위험 요소가 배제된 편안하고 친숙한 환경을 유지하기 위해 노력한다.

> ✔해설 리더는 부하직원들이 친숙하고 위험요소가 전혀 없는 안전지대에서 벗어나 더욱 높은 목표를 향해 나아가도록 격려해야 한다. 위험을 감수해야 할 합리적이고 실현가능한 목표가 있다면 직원들은 기꺼이 변화를 향해 나아갈 것이다. 한편, 리더의 동기부여 방법은 다음과 같은 것들이 있다.
> – 긍정적 강화법을 활용한다.
> – 새로운 도전의 기회를 제공한다.
> – 창의적인 문제해결법을 찾는다.
> – 책임감으로 철저히 무장한다.
> – 코칭을 한다.
> – 변화를 두려워하지 않는다.
> – 지속적으로 교육한다.

3 '협상'을 위하여 취하여야 할 (가)~(라)와 같은 행동들의 가장 바람직한 순서를 알맞게 나열한 것은 어느 것인가?

(가) 합의를 통한 결과물을 도출하여 최종 서명을 이끌어낸다.
(나) 자신의 의견을 적극적으로 개진하여 상대방이 수용할 수 있는 근거를 제시한다.
(다) 상대방 의견을 분석하여 무엇이 그러한 의견의 근거가 되었는지를 찾아낸다.
(라) 상대방의 의견을 경청하고 자신의 주장을 제시한다.

---

① (가)-(다)-(나)-(라)   ② (라)-(나)-(다)-(가)
③ (라)-(다)-(나)-(가)   ④ (다)-(라)-(나)-(가)

> ✔해설 협상은 보통 '협상 시작' → '상호 이해' → '실질 이해' → '해결 대안' → '합의 문서'의 다섯 단계로 구분한다. 제시된 〈보기〉는 각각 다음과 같은 단계로 구분해 볼 수 있다.
> (가) 합의 문서 (나) 해결 대안 (다) 실질 이해 (라) 상호 이해

4 다음에서 설명하고 있는 개념의 특징으로 옳지 않은 것은?

> 조직성원들을 신뢰하고 그들의 잠재력을 믿으며 그 잠재력의 개발을 통해 High Performance 조직이 되도록 하는 일련의 행위이다.

① 부정적인 인간관계
② 학습과 성장의 기회
③ 성과에 대한 지식
④ 상부로부터의 지원

> ✔해설 높은 성과를 내는 임파워먼트 환경의 특징
> • 도전적이고 흥미 있는 일
> • 학습과 성장의 기회
> • 높은 성과와 지속적인 개선을 가져오는 요인들에 대한 통제
> • 성과에 대한 지식
> • 긍정적인 인간관계
> • 개인들이 공헌하며 만족한다는 느낌
> • 상부로부터의 지원

5 모바일 중견회사 감사 부서에서 생산 팀에서 생산성 10% 하락, 팀원들 간의 적대감이나 잦은 갈등, 비효율적인 회의 등의 문제점을 발견하였다, 이를 해결하기 위한 방안으로 가장 적절한 것을 고르시오.

① 아이디어가 넘치는 환경 조성을 위해 많은 양의 아이디어를 요구한다.
② 어느 정도 시간이 필요하므로 갈등을 방치한다.
③ 동료의 행동과 수행에 대한 피드백을 감소시킨다.
④ 의견 불일치가 발생할 경우 생산팀장은 제3자로 개입하여 중재한다.

> ✔해설 성공적으로 운영되는 팀은 의견의 불일치를 바로바로 해소하고 방해요소를 미리 없애 혼란의 내분을 방지한다.

6 다음 중 거만형 불만고객에 대한 대응방안으로 옳은 것은?

① 때로는 책임자로 하여금 응대하게 하는 것도 좋다.

② 의외로 단순한 면이 있으므로 일단 호감을 얻게 되면 득이 될 경우도 있다.

③ 잠자코 고객의 의견을 경청하고 사과를 하는 응대가 바람직하다.

④ 분명한 증거나 근거를 제시하여 스스로 확신을 갖도록 유도한다.

> ✔ 해설 ①④ 의심형 불만고객에 대한 대응방안
> ③ 트집형 불만고객에 대한 대응방안

7 다음 중 고객만족을 측정하는데 있어 많은 사람들이 범하는 오류의 유형으로 옳지 않은 것은?

① 적절한 측정 프로세스 없이 조사를 시작한다.

② 고객이 원하는 것을 알고 있다고 생각한다.

③ 모든 고객들이 동일한 수준의 서비스를 원하고 필요로 한다고 가정한다.

④ 전문가로부터 도움을 얻는다.

> ✔ 해설 ④ 비전문가로부터 도움을 얻는다.
> ※ 고객만족을 측정하는데 있어 많은 사람들이 범하는 오류의 유형
> ㉠ 고객이 원하는 것을 알고 있다고 생각한다.
> ㉡ 적절한 측정 프로세스 없이 조사를 시작한다.
> ㉢ 비전문가로부터 도움을 얻는다.
> ㉣ 포괄적인 가치만을 질문한다.
> ㉤ 중요도 척도를 오용한다.
> ㉥ 모든 고객들이 동일한 수준의 서비스를 원하고 필요로 한다고 가정한다.

Answer 4.① 5.④ 6.② 7.④

8 다음 중 높은 성과를 내는 임파워먼트 환경의 특징으로 옳지 않은 것은?

① 도전적이고 흥미 있는 일　　　　② 성과에 대한 압박

③ 학습과 성장의 기회　　　　　　④ 상부로부터의 지원

✔ 해설 '임파워먼트'란 조직성원들을 신뢰하고 그들의 잠재력을 믿으며 그 잠재력의 개발을 통해 High Performance 조직이 되도록 하는 일련의 행위를 말한다.
※ 높은 성과를 내는 임파워먼트 환경의 특징
ⓐ 도전적이고 흥미 있는 일
ⓑ 학습과 성장의 기회
ⓒ 높은 성과와 지속적인 개선을 가져오는 요인들에 대한 통제
ⓓ 성과에 대한 지식
ⓔ 긍정적인 인간관계
ⓕ 개인들이 공헌하며 만족한다는 느낌
ⓖ 상부로부터의 지원

9 다음 중 실무형 멤버십의 설명으로 옳지 않은 것은?

① 조직의 운영방침에 민감하다.

② 획일적인 태도나 행동에 익숙함을 느낀다.

③ 개인의 이익을 극대화하기 위해 흥정에 능하다.

④ 리더와 부하 간의 비인간적인 풍토를 느낀다.

✔ 해설 ② 순응형 멤버십에 대한 설명이다.

10 기업 인사팀에서 근무하면서 2020 상반기 신입사원 워크숍 교육 자료를 만들게 되었다. 워크숍 교육 자료에서 팀워크 활성 방안으로 적절하지 않은 것을 고르시오.

① 아이디어의 질을 따지기보다 아이디어를 제안하도록 장려한다.

② 양질 의사결정을 내리기 위해 단편적 질문을 고려한다.

③ 의사결정을 내릴 때는 팀원들의 의견을 듣는다.

④ 각종 정보와 정보의 소스를 획득할 수 있다.

✔ 해설 양질의 의사결정을 내리기 위해 단편적인 질문이 아니라 여러 질문을 고려해야 한다.

11 귀하는 서문대학 대졸 공채 입학사정관의 조직구성원들 간의 원만한 관계 유지를 위한 갈등관리 역량에 관해 입학사정관 인증교육을 수료하게 되었다. 인증교육은 다양한 갈등사례를 통해 갈등 과정을 시뮬레이션 함으로써 바람직한 갈등해결방법을 모색하는 데 중점을 두고 있다. 입학사정 관이 교육을 통해 습득한 갈등과정을 바르게 나열한 것은?

① 대결 국면 – 의견불일치 – 진정 국면 – 격화 국면 – 갈등의 해소

② 의견 불일치 – 격화 국면 – 대결 국면 – 갈등의 해소 – 진정 국면

③ 의견 불일치 – 진정 국면 – 격화 국면 – 대결 국면 – 갈등의 해소

④ 의견 불일치 – 대결 국면 – 격화 국면 – 진정 국면 – 갈등의 해소

> ✔해설 갈등의 진행과정은 '의견 불일치 – 대결국면 – 격화 국면 – 진정 국면 – 갈등의 해소'의 단계를 거친다.

12 다음 중 변혁적 리더십의 유형으로 옳은 설명은?

① 개개인과 팀이 유지해 온 업무수행 상태를 뛰어넘어 전체 조직이나 팀원들에게 변화를 가져 오는 원동력이 된다.

② 정책의사결정과 대부분의 핵심정보를 그들 스스로에게만 국한하여 소유하고 고수하려는 경향 이 있다.

③ 그룹에 정보를 잘 전달하려고 노력하고 전체 그룹의 구성원 모두를 목표방향으로 설정에 참 여하게 함으로써 구성원들에게 확신을 심어주려고 노력한다.

④ 리더와 집단 구성원 사이의 구분이 희미하고 리더가 조직에서 한 구성원이 되기도 한다.

> ✔해설 ② 독재자 유형
> ③ 민주주의 유형
> ④ 파트너십 유형

13 다음 중 팀워크의 촉진 방법으로 옳지 않은 것은?

① 개개인의 능력을 우선시 하기
② 갈등 해결하기
③ 참여적으로 의사결정하기
④ 창의력 조성을 위해 협력하기

 해설 팀워크의 촉진 방법
ㄱ 동료 피드백 장려하기
ㄴ 갈등 해결하기
ㄷ 창의력 조성을 위해 협력하기
ㄹ 참여적으로 의사결정하기

14 조직구성원들로 하여금 리더에 대한 신뢰를 갖게 하는 카리스마는 물론 조직변화의 필요성을 감지하고 그러한 변화를 이끌어 낼 수 있는 새로운 비전을 제시할 수 있는 능력이 요구되는 리더십을 무엇이라 하는가?

① 변혁적 리더십
② 거래적 리더십
③ 카리스마 리더십
④ 서번트 리더십

해설 ② 거래적 리더십 : 리더가 부하들과 맺은 거래적 계약관계에 기반을 두고 영향력을 발휘하는 리더십
③ 카리스마 리더십 : 자기 자신과 부하들에 대한 극단적인 신뢰, 이들을 완전히 장악하는 거대한 존재감, 그리고 명확한 비전을 가지고 일단 결정된 사항에 대해서는 절대로 흔들리지 않는 확신을 가지는 리더십
④ 서번트 리더십 : 타인을 위한 봉사에 초점을 두고 종업원과 고객의 커뮤니티를 우선으로 그들의 욕구를 만족시키기 위해 헌신하는 리더십

15 다음 중 대인관계능력을 구성하는 하위능력으로 옳지 않은 것은?

① 팀워크능력　　　　　　　　　　　② 자아인식능력

③ 리더십능력　　　　　　　　　　　④ 갈등관리능력

> ✔ 해설　② 자아인식능력은 자기개발능력을 구성하는 하위능력 중에 하나이다.
>
> ※ 대인관계능력을 구성하는 하위능력
> 　㉠ 팀워크능력
> 　㉡ 리더십능력
> 　㉢ 갈등관리능력
> 　㉣ 협상능력
> 　㉤ 고객서비스능력

16 다음 중 대인관계능력에 대한 정의로 옳은 것은?

① 직장생활에서 문서나 상대방이 하는 말의 의미를 파악하고 자신의 의사를 정확하게 표현하며 간단한 외국어 자료를 읽거나 외국인의 의사표시를 이해하는 능력

② 직업인으로서 자신의 능력, 적성, 특성 등을 이해하고 목표성취를 위해 스스로를 관리하며 개발해 나가는 능력

③ 직장생활에서 협조적인 관계를 유지하고 조직구성원들에게 도움을 줄 수 있으며 조직 내·외부의 갈등을 원만히 해결하고 고객의 요구를 충족시켜줄 수 있는 능력

④ 목표와 현상을 분석하고 이 결과를 토대로 과제를 도출하여 최적의 해결책을 찾아 실행하고 평가해 나가는 능력

> ✔ 해설　① 의사소통능력
> 　　　　② 자기개발능력
> 　　　　④ 문제해결능력

17 다음 중 동기부여 방법으로 옳지 않은 것은?

① 긍정적 강화법을 활용한다.

② 새로운 도전의 기회를 부여한다.

③ 몇 가지 코칭을 한다.

④ 일정기간 교육을 실시한다.

> 해설 동기부여 방법
> ㉠ 긍정적 강화법을 활용한다.
> ㉡ 새로운 도전의 기회를 부여한다.
> ㉢ 창의적인 문제해결법을 찾는다.
> ㉣ 책임감으로 철저히 무장한다.
> ㉤ 몇 가지 코칭을 한다.
> ㉥ 변화를 두려워하지 않는다.
> ㉦ 지속적으로 교육한다.

18 다음 중 대인관계 향상 방법으로 옳지 않은 것은?

① 상대방에 대한 경계심

② 언행일치

③ 사소한 일에 대한 관심

④ 약속의 이행

> ✔ 해설 대인관계 향상 방법
> ㉠ 상대방에 대한 이해심
> ㉡ 사소한 일에 대한 관심
> ㉢ 약속의 이행
> ㉣ 기대의 명확화
> ㉤ 언행일치
> ㉥ 진지한 사과

19 다음 중 고객만족 조사의 목적으로 옳지 않은 것은?

① 평가목적

② 고객과의 관계유지 파악

③ 개선목적

④ 부분적 경향의 파악

> ✔해설 고객만족 조사의 목적
> ㉠ 전체적 경향의 파악
> ㉡ 고객에 대한 개별대응 및 고객과의 관계유지 파악
> ㉢ 평가목적
> ㉣ 개선목적

20 팀워크 강화 노력이 필요한 때임을 나타내는 징후들로 옳지 않은 것은?

① 할당된 임무와 관계에 대해 혼동한다.

② 팀원들 간에 적대감이나 갈등이 생긴다.

③ 리더에 대한 의존도가 낮다.

④ 생산성이 하락한다.

> ✔해설 팀워크 강화 노력이 필요한 때임을 나타내는 징후들
> ㉠ 생산성의 하락
> ㉡ 불평불만의 증가
> ㉢ 팀원들 간의 적대감이나 갈등
> ㉣ 할당된 임무와 관계에 대한 혼동
> ㉤ 결정에 대한 오해나 결정 불이행
> ㉥ 냉담과 전반적인 관심 부족
> ㉦ 제안과 혁신 또는 효율적인 문제해결의 부재
> ㉧ 비효율적인 회의
> ㉨ 리더에 대한 높은 의존도

21 다음 대화를 보고 이과장은 협상의 5단계 중 어느 단계에 해당하는지 바르게 고르면?

> 김실장 : 이과장, 출장 다녀오느라 고생했네.
> 이과장 : 아닙니다. KTX 덕분에 금방 다녀왔습니다.
> 김실장 : 그래, 다행이군. 오늘 협상은 잘 진행되었나?
> 이과장 : 그게 말입니다. 실장님. 오늘 협상을 진행하다가 새로운 사실을 알게 됐습니다.
> 민원인측이 지금껏 주장했던 고가차도 건립계획 철회는 표면적 요구사항이었던 것 같
> 습니다. 오늘 장시간 상대방 측 대표들과 이야기를 나누면서 고가차도 건립 자체보다
> 그로인한 초등학교 예정부지의 이전, 공사 및 도로 소음 발생, 그리고 녹지 감소가 실
> 질적 불만이라는 걸 알게 되었습니다. 고가차도 건립을 계획대로 추진하면서 초등학교
> 의 건립 예정지를 현행유지하고, 3중 방음시설 설치, 아파트 주변 녹지 조성 계획을 제
> 시하면 충분히 협상을 진척시킬 수 있을 것 같습니다.

① 협상시작단계 ② 상호이해단계
③ 실질이해단계 ④ 해결대안단계

✔ **해설** 이과장은 상대방 측 대표들과 만나서 현재 상황과 이들이 원하는 주장이 무엇인지를 파악한 후 김실장
에게 협상이 가능한 안건을 제시한 것이므로 실질이해 전 단계인 상호이해단계로 볼 수 있다.

※ 협상과정의 5단계
  ㉠ 협상시작 : 협상 당사자들 사이에 친근감을 쌓고, 간접적인 방법으로 협상 의사를 전달하며 상대방
    의 협상의지를 확인하고 협상 진행을 위한 체계를 결정하는 단계이다.
  ㉡ 상호이해 : 갈등 문제의 진행 상황과 현재의 상황을 점검하고 적극적으로 경청하며 자기주장을 제
    시한다. 협상을 위한 협상 안건을 결정하는 단계이다.
  ㉢ 실질이해 : 겉으로 주장하는 것과 실제로 원하는 것을 구분하여 실제 원하는 것을 찾아내고 분할과
    통합기법을 활용하여 이해관계를 분석하는 단계이다.
  ㉣ 해결방안 : 협상 안건마다 대안들을 평가하고 개발한 대안들을 평가하며 최선의 대안에 대해 합의하
    고 선택한 후 선택한 대안 이행을 위한 실행 계획을 수립하는 단계이다.
  ㉤ 합의문서 : 합의문을 작성하고 합의문의 합의 내용 및 용어 등을 재점검한 후 합의문에 서명하는
    단계이다.

22 김대리는 사내 교육 중 하나인 리더십 교육을 들은 후 관련 내용을 다음과 같이 정리하였다. 다음 제시된 내용을 보고 잘못 정리한 부분은?

임파워먼트	
개념	• 리더십이 핵심 개념 중 하나, '권한 위임'이라고 할 수 있음 • ⊙ 조직 구성원들을 신뢰하고 그들의 잠재력을 믿으며, 그 잠재력의 개발을 통해 고성과 조직이 되도록 하는 일련의 행위 • 권한을 위임받았다고 인식하는 순간부터 직원들의 업무효율성은 높아짐
충족기준	• 여건의 조성 : 임파워먼트는 사람들이 자유롭게 참여하고 기여할 수 있는 일련의 여건들을 조성하는 것 • ⓒ 재능과 에너지의 극대화 : 임파워먼트는 사람들의 재능과 욕망을 최대한으로 활용할 뿐만 아니라, 나아가 확대할 수 있도록 하는 것 • 명확하고 의미 있는 목적에 초점 : 임파워먼트는 사람들이 분명하고 의미 있는 목적과 사명을 위해 최대의 노력을 발휘하도록 해주는 것
여건	• 도전적이고 흥미 있는 일 • 학습과 성장의 기회 • ⓒ 높은 성과와 지속적인 개선을 가져오는 요인들에 대한 통제 • 성과에 대한 지식 • 긍정적인 인간관계 • 개인들이 공헌하여 만족한다는 느낌 • 상부로부터의 지원
장애요인	• 개인 차원 : 주어진 일을 해내는 역량의 결여, 동기의 결여, 결의의 부족, 책임감 부족, 의존성 • ⓔ 대인 차원 : 다른 사람과의 성실성 결여, 약속 불이행, 성과를 제한하는 조직의 규범, 갈등처리 능력 부족, 제한된 정책과 절차 • 관리 차원 : 통제적 리더십 스타일, 효과적 리더십 발휘 능력 결여, 경험 부족, 정책 및 기획의 실행 능력 결여, 비전의 효과적 전달 능력 결여 • 조직 차원 : 공감대 형성이 없는 구조와 시스템

① ㉠

② ㉡

③ ㉢

④ ㉣

✔해설 ㉣ 제한된 정책과 절차는 조직 차원의 장애요인으로 들어가야 하는 부분이다.

23 배우자의 출산을 이유로 휴가 중인 공사원의 일을 귀하가 임시로 맡게 되었다. 그러나 막상 일을 맡고 보니 공사원이 급하게 휴가를 가게 된 바람에 인수인계 자료를 전혀 받지 못해 일을 진행하기 어려운 상황이다. 이때 귀하가 취해야 할 행동으로 가장 적절한 것은?

① 일을 미뤄 뒀다가 공사원이 휴가에서 복귀하면 맡긴다.
② 공사원에게 인수인계를 받지 못해 업무를 할 수 없다고 솔직하게 상사에게 말한다.
③ 최대한 할 수 있는 일을 대신 처리하고 모르는 업무는 공사원에게 전화로 물어본다.
④ 아는 일은 우선 처리하고, 모르는 일은 다른 직원에게 확인한 후 처리한다.

> ✔ 해설 본인이 알고 있는 일은 처리하면 되는 것이고 모르는 것이 있다면 알고 있는 직원에게 물어본 후 처리하는 것이 가장 바람직하다. ④의 경우 다른 직원에게 확인한 후 일을 처리하는 것이므로 올바른 행동이다.

24 귀하는 여러 명의 팀원을 관리하고 있는 팀장이다. 입사한 지 3개월 된 신입사원인 K사원의 업무 내용을 확인하던 중 K사원이 업무를 효율적으로 진행하지 않아 K사원의 업무 수행이 팀 전체의 성과로 이어지지 못하고 있다는 사실을 알게 되었다. 이때 귀하가 K사원에게 해 줄 조언으로 적절하지 않은 것은?

① 업무를 진행하는 과정에서 어려움이 있다면 팀 내에서 역할 모델을 설정한 후에 업무를 진행해 보는 건 어떨까요.
② 업무 내용을 보니 묶어서 처리해도 되는 업무를 모두 구분해서 다른 날 진행했던데 묶어서 진행할 수 있는 건 같이 처리하도록 하세요.
③ 팀에서 업무를 진행할 때 따르고 있는 업무 지침을 꼼꼼히 확인하고 그에 따라서 처리하다보면 업무를 효율적으로 진행할 수 있을 거예요.
④ 업무 성과가 효과적으로 높아지지 않는 것 같은 땐 최대한 다른 팀원과 같은 방식으로 일하려고 노력하는 게 좋을 것 같아요.

> ✔ 해설 업무 수행성과를 높이는 방법으로 일을 미루지 않기, 업무 묶어서 처리하기, 다른 사람과 다른 방식으로 일하기, 회사와 팀 업무 지침 따르기, 역할 모델 설정하기 등이 있다.

25 (주)서원각 인사팀에 근무하고 있는 김 대리는 팀워크와 관련된 신입사원 교육을 진행하였다. 교육이 끝나고 교육을 수강한 신입사원들에게 하나의 상황을 제시한 후, 교육 내용을 토대로 주어진 상황에 대해 이해한 바를 발표하도록 하였다. 김 대리가 제시한 상황과 이를 이해한 신입사원들의 발표 내용 중 일부가 다음과 같을 때, 교육 내용을 잘못 이해한 사람은 누구인가?

〈제시된 상황〉

입사한 지 2개월이 된 강사원은 요즘 고민이 많다. 같은 팀 사람들과 업무를 진행함에 있어 어려움을 겪고 있기 때문이다. 각각의 팀원들이 가지고 있는 능력이나 개인의 역량은 우수한 편이다. 그러나 팀원들 모두 자신의 업무를 수행하는 데는 열정적이지만, 공동의 목적을 달성하기 위해 업무를 수행하다 보면 팀원들의 강점은 드러나지 않으며, 팀원들은 다른 사람의 업무에 관심이 없다. 팀원들이 자기 자신의 업무를 훌륭히 해낼 줄 안다면 팀워크 또한 좋을 것이라고 생각했던 강사원은 혼란을 겪고 있다.

이영자 : 강사원의 팀은 팀원들의 강점을 잘 인식하고 이를 활용하는 방법을 찾는 것이 중요할 것 같습니다. 팀원들의 강점을 잘 활용한다면 강사원뿐만 아니라 팀원들 모두가 공동의 목적을 달성하는 데 대한 자신감을 갖게 될 것입니다.

최화정 : 팀원들이 개인의 업무에만 관심을 갖는 것은 문제가 있습니다. 개인의 업무 외에도 업무지원, 피드백, 동기부여를 위해 서로의 업무에 관심을 갖고 서로에게 의존하는 것이 중요합니다.

송은이 : 강사원의 팀은 팀워크가 많이 부족한 것 같습니다. 팀원들로 하여금 집단에 머물도록 만들고, 팀의 구성원으로서 계속 남아 있기를 원하게 만드는 팀워크를 키우는 것이 중요합니다.

김수기 : 강사원이 속해 있는 팀의 구성원들은 팀의 에너지를 최대로 활용하지 못하는 것 같습니다. 각자의 역할과 책임을 다함과 동시에 서로 협력할 줄 알아야 합니다.

박미선 : 강사원의 팀은 협력, 통제, 자율 세 가지 기제에 따른 팀 내 적합한 팀워크의 유형을 파악하여 팀워크를 향상시키기 위해 노력할 필요가 있습니다.

① 이영자　　　　　　　　② 최화정
③ 송은이　　　　　　　　④ 김수기

✔해설 구성원이 서로에 끌려서 집단에 계속해서 남아 있기를 원하는 정도는 팀응집력에 대한 내용이다.
팀워크는 팀 구성원간의 협동 동작·작업, 또는 그들의 연대. 팀의 구성원이 공동의 목표를 달성하기 위하여 각 역할에 따라 책임을 다하고 협력적으로 행동하는 것을 이르는 말이다.

PART **03**

면접

면접의 기본

① 면접준비

(1) 면접의 기본 원칙

① **면접의 의미** … 다양한 면접기법을 활용하여 지원한 직무에 필요한 능력을 지원자가 보유하고 있는지를 확인하는 절차라고 할 수 있다. 즉, 지원자의 입장에서는 채용 직무수행에 필요한 요건들과 관련하여 자신의 환경, 경험, 관심사, 성취 등에 대해 기업에 직접 어필할 수 있는 기회를 제공받는 것이며, 기업의 입장에서는 서류전형만으로 알 수 없는 지원자에 대한 정보를 직접적으로 수집하고 평가하는 것이다.

② **면접의 특징** … 면접은 기업의 입장에서 서류전형이나 필기전형에서 드러나지 않는 지원자의 능력이나 성향을 볼 수 있는 기회로, 면대면으로 이루어지며 즉흥적인 질문들이 포함될 수 있기 때문에 지원자가 완벽하게 준비하기 어려운 부분이 있다. 하지만 지원자 입장에서도 서류전형이나 필기전형에서 모두 보여주지 못한 자신의 능력 등을 기업의 인사담당자에게 어필할 수 있는 추가적인 기회가 될 수도 있다.

[서류 · 필기전형과 차별화되는 면접의 특징]

- 직무수행과 관련된 다양한 지원자 행동에 대한 관찰이 가능하다.
- 면접관이 알고자 하는 정보를 심층적으로 파악할 수 있다.
- 서류상의 미비한 사항과 의심스러운 부분을 확인할 수 있다.
- 커뮤니케이션 능력, 대인관계 능력 등 행동 · 언어적 정보도 얻을 수 있다.

③ **면접의 유형**

㉠ **구조화 면접** : 사전에 계획을 세워 질문의 내용과 방법, 지원자의 답변 유형에 따른 추가 질문과 그에 대한 평가 역량이 정해져 있는 면접 방식으로 표준화 면접이라고도 한다.

- 표준화된 질문이나 평가요소가 면접 전 확정되며, 지원자는 편성된 조나 면접관에 영향을 받지 않고 동일한 질문과 시간을 부여받을 수 있다.
- 조직 또는 직무별로 주요하게 도출된 역량을 기반으로 평가요소가 구성되어, 조직 또는 직무에서 필요한 역량을 가진 지원자를 선발할 수 있다.
- 표준화된 형식을 사용하는 특성 때문에 비구조화 면접에 비해 신뢰성과 타당성, 객관성이 높다.

ⓛ **비구조화 면접** : 면접 계획을 세울 때 면접 목적만을 명시하고 내용이나 방법은 면접관에게 전적으로 일임하는 방식으로 비표준화 면접이라고도 한다.
- 표준화된 질문이나 평가요소 없이 면접이 진행되며, 편성된 조나 면접관에 따라 지원자에게 주어지는 질문이나 시간이 다르다.
- 면접관의 주관적인 판단에 따라 평가가 이루어져 평가 오류가 빈번히 일어난다.
- 상황 대처나 언변이 뛰어난 지원자에게 유리한 면접이 될 수 있다.

④ **경쟁력 있는 면접 요령**

㉠ **면접 전에 준비하고 유념할 사항**
- 예상 질문과 답변을 미리 작성한다.
- 작성한 내용을 문장으로 외우지 않고 키워드로 기억한다.
- 지원한 회사의 최근 기사를 검색하여 기억한다.
- 지원한 회사가 속한 산업군의 최근 기사를 검색하여 기억한다.
- 면접 전 1주일간 이슈가 되는 뉴스를 기억하고 자신의 생각을 반영하여 정리한다.
- 찬반토론에 대비한 주제를 목록으로 정리하여 자신의 논리를 내세운 예상답변을 작성한다.

㉡ **면접장에서 유념할 사항**
- **질문의 의도 파악** : 답변을 할 때에는 질문 의도를 파악하고 그에 충실한 답변이 될 수 있도록 질문 사항을 유념해야 한다. 많은 지원자가 하는 실수 중 하나로 답변을 하는 도중 자기 말에 심취되어 질문의 의도와 다른 답변을 하거나 자신이 알고 있는 지식만을 나열하는 경우가 있는데, 이럴 경우 의사소통능력이 부족한 사람으로 인식될 수 있으므로 주의하도록 한다.
- **답변은 두괄식** : 답변을 할 때에는 두괄식으로 결론을 먼저 말하고 그 이유를 설명하는 것이 좋다. 미괄식으로 답변을 할 경우 용두사미의 답변이 될 가능성이 높으며, 결론을 이끌어 내는 과정에서 논리성이 결여될 우려가 있다. 또한 면접관이 결론을 듣기 전에 말을 끊고 다른 질문을 추가하는 예상치 못한 상황이 발생될 수 있으므로 답변은 자신이 전달하고자 하는 바를 먼저 밝히고 그에 대한 설명을 하는 것이 좋다.
- **지원한 회사의 기업정신과 인재상을 기억** : 답변을 할 때에는 회사가 원하는 인재라는 인상을 심어주기 위해 지원한 회사의 기업정신과 인재상 등을 염두에 두고 답변을 하는 것이 좋다. 모든 회사에 해당되는 두루뭉술한 답변보다는 지원한 회사에 맞는 맞춤형 답변을 하는 것이 좋다.
- **나보다는 회사와 사회적 관점에서 답변** : 답변을 할 때에는 자기중심적인 관점을 피하고 좀 더 넓은 시각으로 회사와 국가, 사회적 입장까지 고려하는 인재임을 어필하는 것이 좋다. 자기중심적 시각을 바탕으로 자신의 출세만을 위해 회사에 입사하려는 인상을 심어줄 경우 면접에서 불이익을 받을 가능성이 높다.
- **난처한 질문은 정직한 답변** : 난처한 질문에 답변을 해야 할 때에는 피하기보다는 정면 돌파로 정직하고 솔직하게 답변하는 것이 좋다. 난처한 부분을 감추고 드러내지 않으려 회피하는 지원자의 모습은 인사담당자에게 입사 후에도 비슷한 상황에 처했을 때 회피할 수도 있다는 우려를 심어줄 수 있다. 따라서 직장생활에 있어 중요한 덕목 중 하나인 정직을 바탕으로 솔직하게 답변을 하도록 한다.

(2) 면접의 종류 및 준비 전략

① 인성면접

㉠ 면접 방식 및 판단기준

- 면접 방식 : 인성면접은 면접관이 가지고 있는 개인적 면접 노하우나 관심사에 의해 질문을 실시한다. 주로 입사지원서나 자기소개서의 내용을 토대로 지원동기, 과거의 경험, 미래 포부 등을 이야기하도록 하는 방식이다.
- 판단기준 : 면접관의 개인적 가치관과 경험, 해당 역량의 수준, 경험의 구체성·진실성 등

㉡ 특징 : 인성면접은 그 방식으로 인해 역량과 무관한 질문들이 많고 지원자에게 주어지는 면접질문, 시간 등이 다를 수 있다. 또한 입사지원서나 자기소개서의 내용을 토대로 하기 때문에 지원자별 질문이 달라질 수 있다.

㉢ 예시 문항 및 준비전략

- 예시 문항

> - 3분 동안 자기소개를 해 보십시오.
> - 자신의 장점과 단점을 말해 보십시오.
> - 학점이 좋지 않은데 그 이유가 무엇입니까?
> - 최근에 인상 깊게 읽은 책은 무엇입니까?
> - 회사를 선택할 때 중요시하는 것은 무엇입니까?
> - 일과 개인생활 중 어느 쪽을 중시합니까?
> - 10년 후 자신은 어떤 모습일 것이라고 생각합니까?
> - 휴학 기간 동안에는 무엇을 했습니까?

- 준비전략 : 인성면접은 입사지원서나 자기소개서의 내용을 바탕으로 하는 경우가 많으므로 자신이 작성한 입사지원서와 자기소개서의 내용을 충분히 숙지하도록 한다. 또한 최근 사회적으로 이슈가 되고 있는 뉴스에 대한 견해를 묻거나 시사상식 등에 대한 질문을 받을 수 있으므로 이에 대한 대비도 필요하다. 자칫 부담스러워 보이지 않는 질문으로 가볍게 대답하지 않도록 주의하고 모든 질문에 입사 의지를 담아 성실하게 답변하는 것이 중요하다.

② 발표면접

㉠ 면접 방식 및 판단기준

- 면접 방식 : 지원자가 특정 주제와 관련된 자료를 검토하고 그에 대한 자신의 생각을 면접관 앞에서 주어진 시간 동안 발표하고 추가 질의를 받는 방식으로 진행된다.
- 판단기준 : 지원자의 사고력, 논리력, 문제해결력 등

㉡ 특징 : 발표면접은 지원자에게 과제를 부여한 후, 과제를 수행하는 과정과 결과를 관찰·평가한다. 따라서 과제수행 결과뿐 아니라 수행과정에서의 행동을 모두 평가할 수 있다.

ⓒ 예시 문항 및 준비전략

• 예시 문항

[신입사원 조기 이직 문제]

※ 지원자는 아래에 제시된 자료를 검토한 뒤, 신입사원 조기 이직의 원인을 크게 3가지로 정리하고 이에 대한 구체적인 개선안을 도출하여 발표해 주시기 바랍니다.

※ 본 과제에 정해진 정답은 없으나 논리적 근거를 들어 개선안을 작성해 주십시오.

- A기업은 동종업계 유사기업들과 비교해 볼 때, 비교적 높은 재무안정성을 유지하고 있으며 업무강도가 그리 높지 않은 것으로 외부에 알려져 있음.
- 최근 조사결과, 동종업계 유사기업들과 연봉을 비교해 보았을 때 연봉 수준도 그리 나쁘지 않은 편이라는 것이 확인되었음.
- 그러나 지난 3년간 1~2년차 직원들의 이직률이 계속해서 증가하고 있는 추세이며, 경영진 회의에서 최우선 해결과제 중 하나로 거론되었음.
- 이에 따라 인사팀에서 현재 1~2년차 사원들을 대상으로 개선되어야 하는 A기업의 조직문화에 대한 설문조사를 실시한 결과, '상명하복식의 의사소통'이 36.7%로 1위를 차지했음.
- 이러한 설문조사와 함께, 신입사원 조기 이직에 대한 원인을 분석한 결과 파랑새 증후군, 셀프홀릭 증후군, 피터팬 증후군 등 3가지로 분류할 수 있었음.

〈동종업계 유사기업들과의 연봉 비교〉

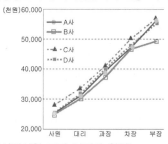

〈우리 회사 조직문화 중 개선되었으면 하는 것〉

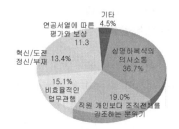

〈신입사원 조기 이직의 원인〉

• 파랑새 증후군
- 현재의 직장보다 더 좋은 직장이 있을 것이라는 막연한 기대감으로 끊임없이 새로운 직장을 탐색함.
- 학력 수준과 맞지 않는 '하향지원', 전공과 적성을 고려하지 않고 일단 취업하고 보자는 '묻지마 지원'이 파랑새 증후군을 초래함.
• 셀프홀릭 증후군
- 본인의 역량에 비해 가치가 낮은 일을 주로 하면서 갈등을 느낌.
• 피터팬 증후군
- 기성세대의 문화를 무조건 수용하기보다는 자유로움과 변화를 추구함.
- 상명하복, 엄격한 규율 등 기성세대가 당연시하는 관행에 거부감을 가지며 직장에 답답함을 느낌.

- 준비전략 : 발표면접의 시작은 과제 안내문과 과제 상황, 과제 자료 등을 정확하게 이해하는 것에서 출발한다. 과제 안내문을 침착하게 읽고 제시된 주제 및 문제와 관련된 상황의 맥락을 파악한 후 과제를 검토한다. 제시된 기사나 그래프 등을 충분히 활용하여 주어진 문제를 해결할 수 있는 해결책이나 대안을 제시하며, 발표를 할 때에는 명확하고 자신 있는 태도로 전달할 수 있도록 한다.

③ 토론면접

　㉠ 면접 방식 및 판단기준

- 면접 방식 : 상호갈등적 요소를 가진 과제 또는 공통의 과제를 해결하는 내용의 토론 과제를 제시하고, 그 과정에서 개인 간의 상호작용 행동을 관찰하는 방식으로 면접이 진행된다.
- 판단기준 : 팀워크, 적극성, 갈등 조정, 의사소통능력, 문제해결능력 등

　㉡ 특징 : 토론을 통해 도출해 낸 최종안의 타당성도 중요하지만, 결론을 도출해 내는 과정에서의 의사소통능력이나 갈등상황에서 의견을 조정하는 능력 등이 중요하게 평가되는 특징이 있다.

　㉢ 예시 문항 및 준비전략

- 예시 문항

> - 군 가산점제 부활에 대한 찬반토론
> - 담뱃값 인상에 대한 찬반토론
> - 비정규직 철폐에 대한 찬반토론
> - 대학의 영어 강의 확대 찬반토론
> - 워크숍 장소 선정을 위한 토론

- 준비전략 : 토론면접은 무엇보다 팀워크와 적극성이 강조된다. 따라서 토론과정에 적극적으로 참여하며 자신의 의사를 분명하게 전달하며, 갈등상황에서 자신의 의견만 내세울 것이 아니라 다른 지원자의 의견을 경청하고 배려하는 모습도 중요하다. 갈등상황을 일목요연하게 정리하여 조정하는 등의 의사소통능력을 발휘하는 것도 좋은 전략이 될 수 있다.

④ 상황면접

　㉠ 면접 방식 및 판단기준

- 면접 방식 : 상황면접은 직무 수행 시 접할 수 있는 상황들을 제시하고, 그러한 상황에서 어떻게 행동할 것인지를 이야기하는 방식으로 진행된다.
- 판단기준 : 해당 상황에 적절한 역량의 구현과 구체적 행동지표

　㉡ 특징 : 실제 직무 수행 시 접할 수 있는 상황들을 제시하므로 입사 이후 지원자의 업무수행능력을 평가하는 데 적절한 면접 방식이다. 또한 지원자의 가치관, 태도, 사고방식 등의 요소를 통합적으로 평가하는 데 용이하다.

ⓒ 예시 문항 및 준비전략

• 예시 문항

> 당신은 생산관리팀의 팀원으로, 생산팀이 기한에 맞춰 효율적으로 제품을 생산할 수 있도록 관리하는 역할을 맡고 있습니다. 3개월 뒤에 제품A를 정상적으로 출시하기 위해 생산팀의 생산 계획을 수립한 상황입니다. 그러나 원가가 곧 실적으로 이어지는 구매팀에서는 최대한 원가를 줄여 전반적 단가를 낮추려고 원가절감을 위한 제안을 하였으나, 연구개발팀에서는 구매팀이 제안한 방식으로 제품을 생산할 경우 대부분이 구매팀의 실적으로 산정될 것이므로 제대로 확인도 해보지 않은 채 적합하지 않은 방식이라고 판단하고 있습니다. 당신은 어떻게 하겠습니까?

• 준비전략 : 상황면접은 먼저 주어진 상황에서 핵심이 되는 문제가 무엇인지를 파악하는 것에서 시작한다. 주질문과 세부질문을 통하여 질문의 의도를 파악하였다면, 그에 대한 구체적인 행동이나 생각 등에 대해 응답할수록 높은 점수를 얻을 수 있다.

⑤ 역할면접

㉠ 면접 방식 및 판단기준

• 면접 방식 : 역할면접 또는 역할연기 면접은 기업 내 발생 가능한 상황에서 부딪히게 되는 문제와 역할을 가상적으로 설정하여 특정 역할을 맡은 사람과 상호작용하고 문제를 해결해 나가도록 하는 방식으로 진행된다. 역할연기 면접에서는 면접관이 직접 역할연기를 하면서 지원자를 관찰하기도 하지만, 역할연기 수행만 전문적으로 하는 사람을 투입할 수도 있다.

• 판단기준 : 대처능력, 대인관계능력, 의사소통능력 등

㉡ 특징 : 역할면접은 실제 상황과 유사한 가상 상황에서의 행동을 관찰함으로서 지원자의 성격이나 대처 행동 등을 관찰할 수 있다.

㉢ 예시 문항 및 준비전략

• 예시 문항

> [금융권 역할면접의 예]
> 당신은 ○○은행의 신입 텔러이다. 사람이 많은 월말 오전 한 할아버지(면접관 또는 역할담당자)께서 ○○은행을 사칭한 보이스피싱으로 인해 500만 원을 피해 보았다며 소란을 일으키고 있다. 실제 업무상황이라고 생각하고 상황에 대처해 보시오.

• 준비전략 : 역할연기 면접에서 측정하는 역량은 주로 갈등의 원인이 되는 문제를 해결 하고 제시된 해결방안을 상대방에게 설득하는 것이다. 따라서 갈등해결, 문제해결, 조정·통합, 설득력과 같은 역량이 중요시된다. 또한 갈등을 해결하기 위해서 상대방에 대한 이해도 필수적인 요소이므로 고객 지향을 염두에 두고 상황에 맞게 대처해야 한다.

역할면접에서는 변별력을 높이기 위해 면접관이 압박적인 분위기를 조성하는 경우가 많기 때문에 스트레스 상황에서 불안해하지 않고 유연하게 대처할 수 있도록 시간과 노력을 들여 충분히 연습하는 것이 좋다.

❷ 면접 이미지 메이킹

(1) 성공적인 이미지 메이킹 포인트

① 복장 및 스타일

㉠ 남성

• 양복 : 양복은 단색으로 하며 넥타이나 셔츠로 포인트를 주는 것이 효과적이다. 짙은 회색이나 감청색이 가장 단정하고 품위 있는 인상을 준다.
• 셔츠 : 흰색이 가장 선호되나 자신의 피부색에 맞추는 것이 좋다. 푸른색이나 베이지색은 산뜻한 느낌을 줄 수 있다. 양복과의 배색도 고려하도록 한다.
• 넥타이 : 의상에 포인트를 줄 수 있는 아이템이지만 너무 화려한 것은 피한다. 지원자의 피부색은 물론, 정장과 셔츠의 색을 고려하며, 체격에 따라 넥타이 폭을 조절하는 것이 좋다.
• 구두 & 양말 : 구두는 검정색이나 짙은 갈색이 어느 양복에나 무난하게 어울리며 깔끔하게 닦아 준비한다. 양말은 정장과 동일한 색상이나 검정색을 착용한다.
• 헤어스타일 : 머리스타일은 단정한 느낌을 주는 짧은 헤어스타일이 좋으며 앞머리가 있다면 이마나 눈썹을 가리지 않는 선에서 정리하는 것이 좋다.

ⓒ 여성

- 의상 : 단정한 스커트 투피스 정장이나 슬랙스 슈트가 무난하다. 블랙이나 그레이, 네이비, 브라운 등 차분해 보이는 색상을 선택하는 것이 좋다.
- 소품 : 구두, 핸드백 등은 같은 계열로 코디하는 것이 좋으며 구두는 너무 화려한 디자인이나 굽이 높은 것을 피한다. 스타킹은 의상과 구두에 맞춰 단정한 것으로 선택한다.
- 액세서리 : 액세서리는 너무 크거나 화려한 것은 좋지 않으며 과하게 많이 하는 것도 좋은 인상을 주지 못한다. 착용하지 않거나 작고 깔끔한 디자인으로 포인트를 주는 정도가 적당하다.
- 메이크업 : 화장은 자연스럽고 밝은 이미지를 표현하는 것이 좋으며 진한 색조는 인상이 강해 보일 수 있으므로 피한다.
- 헤어스타일 : 커트나 단발처럼 짧은 머리는 활동적이면서도 단정한 이미지를 줄 수 있도록 정리한다. 긴 머리의 경우 하나로 묶거나 단정한 머리망으로 정리하는 것이 좋으며, 짙은 염색이나 화려한 웨이브는 피한다.

② 인사

ㄱ 인사의 의미 : 인사는 예의범절의 기본이며 상대방의 마음을 여는 기본적인 행동이라고 할 수 있다. 인사는 처음 만나는 면접관에게 호감을 살 수 있는 가장 쉬운 방법이 될 수 있기도 하지만 제대로 예의를 지키지 않으면 지원자의 인성 전반에 대한 평가로 이어질 수 있으므로 각별히 주의해야 한다.

ㄴ 인사의 핵심 포인트

- 인사말 : 인사말을 할 때에는 밝고 친근감 있는 목소리로 하며, 자신의 이름과 수험번호 등을 간략하게 소개한다.
- 시선 : 인사는 상대방의 눈을 보며 하는 것이 중요하며 너무 빤히 쳐다본다는 느낌이 들지 않도록 주의한다.
- 표정 : 인사는 마음에서 우러나오는 존경이나 반가움을 표현하고 예의를 차리는 것이므로 살짝 미소를 지으며 하는 것이 좋다.
- 자세 : 인사를 할 때에는 가볍게 목만 숙인다거나 흐트러진 상태에서 인사를 하지 않도록 주의하며 절도 있고 확실하게 하는 것이 좋다.

③ 시선처리와 표정, 목소리

    ⊙ **시선처리와 표정** : 표정은 면접에서 지원자의 첫인상을 결정하는 중요한 요소이다. 얼굴표정은 사람의 감정을 가장 잘 표현할 수 있는 의사소통 도구로 표정 하나로 상대방에게 호감을 주거나, 비호감을 사기도 한다. 호감이 가는 인상의 특징은 부드러운 눈썹, 자연스러운 미간, 적당히 볼록한 광대, 올라간 입 꼬리 등으로 가볍게 미소를 지을 때의 표정과 일치한다. 따라서 면접 중에는 밝은 표정으로 미소를 지어 호감을 형성할 수 있도록 한다. 시선은 면접관과 고르게 맞추되 생기 있는 눈빛을 띄도록 하며, 너무 빤히 쳐다본다는 인상을 주지 않도록 한다.

    ⊙ **목소리** : 면접은 주로 면접관과 지원자의 대화로 이루어지므로 목소리가 미치는 영향이 상당하다. 답변을 할 때에는 부드러우면서도 활기차고 생동감 있는 목소리로 하는 것이 면접관에게 호감을 줄 수 있으며 적당한 제스처가 더해진다면 상승효과를 얻을 수 있다. 그러나 적절한 답변을 하였음에도 불구하고 콧소리나 날카로운 목소리, 자신감 없는 작은 목소리는 답변의 신뢰성을 떨어뜨릴 수 있으므로 주의하도록 한다.

④ 자세

    ⊙ **걷는 자세**

- 면접장에 입실할 때에는 상체를 곧게 유지하고 발끝은 평행이 되게 하며 무릎을 스치듯 11자로 걷는다.
- 시선은 정면을 향하고 턱은 가볍게 당기며 어깨나 엉덩이가 흔들리지 않도록 주의한다.
- 발바닥 전체가 닿는 느낌으로 안정감 있게 걸으며 발소리가 나지 않도록 주의한다.
- 보폭은 어깨넓이만큼이 적당하지만, 스커트를 착용했을 경우 보폭을 줄인다.
- 걸을 때도 미소를 유지한다.

    ⊙ **서있는 자세**

- 몸 전체를 곧게 펴고 가슴을 자연스럽게 내민 후 등과 어깨에 힘을 주지 않는다.
- 정면을 바라본 상태에서 턱을 약간 당기고 아랫배에 힘을 주어 당기며 바르게 선다.
- 양 무릎과 발뒤꿈치는 붙이고 발끝은 11자 또는 V형을 취한다.
- 남성의 경우 팔을 자연스럽게 내리고 양손을 가볍게 쥐어 바지 옆선에 붙이고, 여성의 경우 공수자세를 유지한다.

ⓒ 앉은 자세

• 남성

> • 의자 깊숙이 앉고 등받이와 등 사이에 주먹 1개 정도의 간격을 두며 기대듯 앉지 않도록 주의한다. (남녀 공통 사항)
> • 무릎 사이에 주먹 2개 정도의 간격을 유지하고 발끝은 11자를 취한다.
> • 시선은 정면을 바라보며 턱은 가볍게 당기고 미소를 짓는다. (남녀 공통 사항)
> • 양손은 가볍게 주먹을 쥐고 무릎 위에 올려놓는다.
> • 앉고 일어날 때에는 자세가 흐트러지지 않도록 주의한다. (남녀 공통 사항)

• 여성

> • 스커트를 입었을 경우 왼손으로 뒤쪽 스커트 자락을 누르고 오른손으로 앞쪽 자락을 누르며 의자에 앉는다.
> • 양손을 모아 무릎 위에 모아 놓으며 스커트를 입었을 경우 스커트 위를 가볍게 누르듯이 올려놓는다.

(2) 면접 예절

① 행동 관련 예절

ⓐ **지각은 절대금물** : 시간을 지키는 것은 예절의 기본이다. 지각을 할 경우 면접에 응시할 수 없거나, 면접 기회가 주어지더라도 불이익을 받을 가능성이 높아진다. 따라서 면접장소가 결정되면 교통편과 소요시간을 확인하고 가능하다면 사전에 미리 방문해 보는 것도 좋다. 면접 당일에는 서둘러 출발하여 면접 시간 20~30분 전에 도착하여 회사를 둘러보고 환경에 익숙해지는 것도 성공적인 면접을 위한 요령이 될 수 있다.

ⓑ **면접 대기 시간** : 지원자들은 대부분 면접장에서의 행동과 답변 등으로만 평가를 받는다고 생각하지만 그렇지 않다. 면접관이 아닌 면접진행자 역시 대부분 인사실무자이며 면접관이 면접 후 지원자에 대한 평가에 있어 확신을 위해 면접진행자의 의견을 구한다면 면접진행자의 의견이 당락에 영향을 줄 수 있다. 따라서 면접 대기 시간에도 행동과 말을 조심해야 하며, 면접을 마치고 돌아가는 순간까지도 긴장을 늦춰서는 안 된다. 면접 중 압박적인 질문에 답변을 잘 했지만, 면접장을 나와 흐트러진 모습을 보이거나 욕설을 한다면 면접 탈락의 요인이 될 수 있으므로 주의해야 한다.

ⓒ **입실 후 태도** : 본인의 차례가 되어 호명되면 또렷하게 대답하고 들어간다. 만약 면접장 문이 닫혀 있다면 상대에게 소리가 들릴 수 있을 정도로 노크를 두세 번 한 후 대답을 듣고 나서 들어가야 한다. 문을 여닫을 때에는 소리가 나지 않게 조용히 하며 공손한 자세로 인사한 후 성명과 수험번호를 말하고 면접관의 지시에 따라 자리에 앉는다. 이 경우 착석하라는 말이 없는데 먼저 의자에 앉으면 무례한 사람으로 보일 수 있으므로 주의한다. 의자에 앉을 때에는 끝에 앉지 말고 무릎 위에 양손을 가지런히 얹는 것이 예절이라고 할 수 있다.

ⓔ **옷매무새를 자주 고치지 마라.** : 일부 지원자의 경우 옷매무새 또는 헤어스타일을 자주 고치거나 확인하기도 하는데 이러한 모습은 과도하게 긴장한 것 같아 보이거나 면접에 집중하지 못하는 것으로 보일 수 있다. 남성 지원자의 경우 넥타이를 자꾸 고쳐 맨다거나 정장 상의 끝을 너무 자주 만지작거리지 않는다. 여성 지원자는 머리를 계속 쓸어 올리지 않고, 특히 짧은 치마를 입고서 신경이 쓰여 치마를 끌어 내리는 행동은 좋지 않다.

ⓜ **다리를 떨거나 산만한 시선은 면접 탈락의 지름길** : 자신도 모르게 다리를 떨거나 손가락을 만지는 등의 행동을 하는 지원자가 있는데, 이는 면접관의 주의를 끌 뿐만 아니라 불안하고 산만한 사람이라는 느낌을 주게 된다. 따라서 가능한 한 바른 자세로 앉아 있는 것이 좋다. 또한 면접관과 시선을 맞추지 못하고 여기저기 둘러보는 듯한 산만한 시선은 지원자가 거짓말을 하고 있다고 여겨지거나 신뢰할 수 없는 사람이라고 생각될 수 있다.

② **답변 관련 예절**

ⓐ **면접관이나 다른 지원자와 가치 논쟁을 하지 않는다.** : 질문을 받고 답변하는 과정에서 면접관 또는 다른 지원자의 의견과 다른 의견이 있을 수 있다. 특히 평소 지원자가 관심이 많은 문제이거나 잘 알고 있는 문제인 경우 자신과 다른 의견에 대해 이의가 있을 수 있다. 하지만 주의할 것은 면접에서 면접관이나 다른 지원자와 가치 논쟁을 할 필요는 없다는 것이며 오히려 불이익을 당할 수도 있다. 정답이 정해져 있지 않은 경우에는 가치관이나 성장배경에 따라 문제를 받아들이는 태도에서 답변까지 충분히 차이가 있을 수 있으므로 굳이 면접관이나 다른 지원자의 가치관을 지적하고 고치려 드는 것은 좋지 않다.

ⓑ **답변은 항상 정직해야 한다.** : 면접이라는 것이 아무리 지원자의 장점을 부각시키고 단점을 축소시키는 것이라고 해도 절대로 거짓말을 해서는 안 된다. 거짓말을 하게 되면 지원자는 불안하거나 꺼림칙한 마음이 들게 되어 면접에 집중을 하지 못하게 되고 수많은 지원자를 상대하는 면접관은 그것을 놓치지 않는다. 거짓말은 그 지원자에 대한 신뢰성을 떨어뜨리며 이로 인해 다른 스펙이 아무리 훌륭하다고 해도 채용에서 탈락하게 될 수 있음을 명심하도록 한다.

ⓒ **경력직인 경우 전 직장에 대해 험담하지 않는다.** : 지원자가 전 직장에서 무슨 업무를 담당했고 어떤 성과를 올렸는지는 면접관이 관심을 둘 사항일 수 있지만, 이전 직장의 기업문화나 상사들이 어땠는지는 그다지 궁금해 하는 사항이 아니다. 전 직장에 대해 험담을 늘어놓는다든가, 동료와 상사에 대한 악담을 하게 된다면 오히려 지원자에 대한 부정적인 이미지만 심어줄 수 있다. 만약 전 직장에 대한 말을 해야 할 경우가 생긴다면 가능한 한 객관적으로 이야기하는 것이 좋다.

ⓔ **자기 자신이나 배경에 대해 자랑하지 않는다.** : 자신의 성취나 부모 형제 등 집안사람들이 사회·경제적으로 어떠한 위치에 있는지에 대한 자랑은 면접관으로 하여금 지원자에 대해 오만한 사람이거나 배경에 의존하려는 나약한 사람이라는 이미지를 갖게 할 수 있다. 따라서 자기 자신이나 배경에 대해 자랑하지 않도록 하고, 자신이 한 일에 대해서 너무 자세하게 얘기하지 않도록 주의해야 한다.

③ 면접 질문 및 답변 포인트

(1) 가족 및 대인관계에 관한 질문

① **당신의 가정은 어떤 가정입니까?**

면접관들은 지원자의 가정환경과 성장과정을 통해 지원자의 성향을 알고 싶어 이와 같은 질문을 한다. 비록 가정 일과 사회의 일이 완전히 일치하는 것은 아니지만 '가화만사성'이라는 말이 있듯이 가정이 화목해야 사회에서도 화목하게 지낼 수 있기 때문이다. 그러므로 답변 시에는 가족사항을 정확하게 설명하고 집안의 분위기와 특징에 대해 이야기하는 것이 좋다.

② **친구 관계에 대해 말해 보십시오.**

지원자의 인간성을 판단하는 질문으로 교우관계를 통해 답변자의 성격과 대인관계능력을 파악할 수 있다. 새로운 환경에 적응을 잘하여 새로운 친구들이 많은 것도 좋지만, 깊고 오래 지속되어온 인간관계를 말하는 것이 더욱 바람직하다.

(2) 성격 및 가치관에 관한 질문

① 당신의 PR포인트를 말해 주십시오.

PR포인트를 말할 때에는 지나치게 겸손한 태도는 좋지 않으며 적극적으로 자기를 주장하는 것이 좋다. 앞으로 입사 후 하게 될 업무와 관련된 자기의 특성을 구체적인 일화를 더하여 이야기하도록 한다.

② 당신의 장 · 단점을 말해 보십시오.

지원자의 구체적인 장 · 단점을 알고자 하기 보다는 지원자가 자기 자신에 대해 얼마나 알고 있으며 어느 정도의 객관적인 분석을 하고 있나, 그리고 개선의 노력 등을 시도하는지를 파악하고자 하는 것이다. 따라서 장점을 말할 때는 업무와 관련된 장점을 뒷받침할 수 있는 근거와 함께 제시하며, 단점을 이야기할 때에는 극복을 위한 노력을 반드시 포함해야 한다.

③ 가장 존경하는 사람은 누구입니까?

존경하는 사람을 말하기 위해서는 우선 그 인물에 대해 알아야 한다. 잘 모르는 인물에 대해 존경한다고 말하는 것은 면접관에게 바로 지적당할 수 있으므로, 추상적이라도 좋으니 평소에 존경스럽다고 생각했던 사람에 대해 그 사람의 어떤 점이 좋고 존경스러운지 대답하도록 한다. 또한 자신에게 어떤 영향을 미쳤는지도 언급하면 좋다.

(3) 학교생활에 관한 질문

① 지금까지의 학교생활 중 가장 기억에 남는 일은 무엇입니까?

가급적 직장생활에 도움이 되는 경험을 이야기하는 것이 좋다. 또한 경험만을 간단하게 말하지 말고 그 경험을 통해서 얻을 수 있었던 교훈 등을 예시와 함께 이야기하는 것이 좋으나 너무 상투적인 답변이 되지 않도록 주의해야 한다.

② 성적은 좋은 편이었습니까?

면접관은 이미 서류심사를 통해 지원자의 성적을 알고 있다. 그럼에도 불구하고 이 질문을 하는 것은 지원자가 성적에 대해서 어떻게 인식하느냐를 알고자 하는 것이다. 성적이 나빴던 이유에 대해서 변명하려 하지 말고 담백하게 받아들이고 그것에 대한 개선노력을 했음을 밝히는 것이 적절하다.

③ 학창시절에 시위나 집회 등에 참여한 경험이 있습니까?

기업에서는 노사분규를 기업의 사활이 걸린 중대한 문제로 인식하고 거시적인 차원에서 접근한다. 이러한 기업문화를 제대로 인식하지 못하여 학창시절의 시위나 집회 참여 경험을 자랑스럽게 답변할 경우 감점요인이 되거나 심지어는 탈락할 수 있다는 사실에 주의한다. 시위나 집회에 참가한 경험을 말할 때에는 타당성과 정도에 유의하여 답변해야 한다.

(4) 지원동기 및 직업의식에 관한 질문

① 왜 우리 회사를 지원했습니까?

이 질문은 어느 회사나 가장 먼저 물어보고 싶은 것으로 지원자들은 기업의 이념, 대표의 경영능력, 재무구조, 복리후생 등 외적인 부분을 설명하는 경우가 많다. 이러한 답변도 적절하지만 지원 회사의 주력 상품에 관한 소비자의 인지도, 경쟁사 제품과의 시장점유율을 비교하면서 입사동기를 설명한다면 상당히 주목 받을 수 있을 것이다.

② 만약 이번 채용에 불합격하면 어떻게 하겠습니까?

불합격할 것을 가정하고 회사에 응시하는 지원자는 거의 없을 것이다. 이는 지원자를 궁지로 몰아넣고 어떻게 대응하는지를 살펴보며 입사 의지를 알아보려고 하는 것이다. 이 질문은 너무 깊이 들어가지 말고 침착하게 답변하는 것이 좋다.

③ 당신이 생각하는 바람직한 사원상은 무엇입니까?

직장인으로서 또는 조직의 일원으로서의 자세를 묻는 질문으로 지원하는 회사에서 어떤 인재상을 요구하는가를 알아두는 것이 좋으며, 평소에 자신의 생각을 미리 정리해 두어 당황하지 않도록 한다.

④ 직무상의 적성과 보수의 많음 중 어느 것을 택하겠습니까?

이런 질문에서 회사 측에서 원하는 답변은 당연히 직무상의 적성에 비중을 둔다는 것이다. 그러나 적성만을 너무 강조하다 보면 오히려 솔직하지 못하다는 인상을 줄 수 있으므로 어느 한 쪽을 너무 강조하거나 경시하는 태도는 바람직하지 못하다.

⑤ 상사와 의견이 다를 때 어떻게 하겠습니까?

과거와 다르게 최근에는 상사의 명령에 무조건 따르겠다는 수동적인 자세는 바람직하지 않다. 회사에서는 때에 따라 자신이 판단하고 행동할 수 있는 직원을 원하기 때문이다. 그러나 지나치게 자신의 의견만을 고집한다면 이는 팀원 간의 불화를 야기할 수 있으며 팀 체제에 악영향을 미칠 수 있으므로 선호하지 않는다는 것에 유념하여 답해야 한다.

⑥ 근무지가 지방인데 근무가 가능합니까?

근무지가 지방 중에서도 특정 지역은 되고 다른 지역은 안 된다는 답변은 바람직하지 않다. 직장에서는 순환 근무라는 것이 있으므로 처음에 지방에서 근무를 시작했다고 해서 계속 지방에만 있는 것은 아님을 유의하고 답변하도록 한다.

(5) 여가 활용에 관한 질문

취미가 무엇입니까?

기초적인 질문이지만 특별한 취미가 없는 지원자의 경우 대답이 애매할 수밖에 없다. 그래서 가장 많이 대답하게 되는 것이 독서, 영화감상, 혹은 음악감상 등과 같은 흔한 취미를 말하게 되는데 이런 취미는 면접관의 주의를 끌기 어려우며 설사 정말 위와 같은 취미를 가지고 있다하더라도 제대로 답변하기는 힘든 것이 사실이다. 가능하면 독특한 취미를 말하는 것이 좋으며 이제 막 시작한 것이라도 열의를 가지고 있음을 설명할 수 있으면 그것을 취미로 답변하는 것도 좋다.

(6) 지원자를 당황하게 하는 질문

① **성적이 좋지 않은데 이 정도의 성적으로 우리 회사에 입사할 수 있다고 생각합니까?**

비록 자신의 성적이 좋지 않더라도 이미 서류심사에 통과하여 면접에 참여하였다면 기업에서는 지원자의 성적보다 성적 이외의 요소, 즉 성격·열정 등을 높이 평가했다는 것이라고 할 수 있다. 그러나 이런 질문을 받게 되면 지원자는 당황할 수 있으나 주눅 들지 말고 침착하게 대처하는 면모를 보인다면 더 좋은 인상을 남길 수 있다.

② **우리 회사 회장님 함자를 알고 있습니까?**

회장이나 사장의 이름을 조사하는 것은 면접일을 통고받았을 때 이미 사전 조사되었어야 하는 사항이다. 단답형으로 이름만 말하기보다는 그 기업에 입사를 희망하는 지원자의 입장에서 답변하는 것이 좋다.

③ **당신은 이 회사에 적합하지 않은 것 같군요.**

이 질문은 지원자의 입장에서 상당히 곤혹스러울 수밖에 없다. 질문을 듣는 순간 그렇다면 면접은 왜 참가시킨 것인가 하는 생각이 들 수도 있다. 하지만 당황하거나 흥분하지 말고 침착하게 자신의 어떤 면이 회사에 적당하지 않는지 겸손하게 물어보고 지적당한 부분에 대해서 고치겠다는 의지를 보인다면 오히려 자신의 능력을 어필할 수 있는 기회로 사용할 수도 있다.

④ **다시 공부할 계획이 있습니까?**

이 질문은 지원자가 합격하여 직장을 다니다가 공부를 더 하기 위해 회사를 그만 두거나 학습에 더 관심을 두어 일에 대한 능률이 저하될 것을 우려하여 묻는 것이다. 이때에는 당연히 학습보다는 일을 강조해야 하며, 업무 수행에 필요한 학습이라면 업무에 지장이 없는 범위에서 야간학교를 다니거나 회사에서 제공하는 연수 프로그램 등을 활용하겠다고 답변하는 것이 적당하다.

⑤ **지원한 분야가 전공한 분야와 다른데 여기 일을 할 수 있겠습니까?**

수험생의 입장에서 본다면 지원한 분야와 전공이 다르지만 서류전형과 필기전형에 합격하여 면접을 보게 된 경우라고 할 수 있다. 이는 결국 해당 회사의 채용 방침상 전공에 크게 영향을 받지 않는다는 것이므로 무엇보다 자신이 전공하지는 않았지만 어떤 업무도 적극적으로 임할 수 있다는 자신감과 능동적인 자세를 보여주도록 노력하는 것이 좋다.

CHAPTER

02 면접기출

- 인천교통공사 홈페이지에 있는 회사의 비전과 목표 등 회사에 대한 기본사항을 모두 보고 가야한다.
  - 면접 처음에 회사에 대한 기본사항을 지원자들에게 한 가지씩 물어본다.

- 무료 항공권이 생긴다면 어느 나라를 가보고 싶고 그 이유는?

- 인천교통공사에 지원한 이유는 무엇이며, 자신이 지원직무에 적합하다고 생각하는 이유는?

- 다른 회사에 지원한 곳이 있는가, 왜 떨어졌다고 생각하는가?

- 타인과의 갈등으로 힘들었던 사례와 그 갈등을 해결하기 위해 어떠한 노력을 기울였는지 말해보시오.

- 공사지원자들은 현실안주형이 많은데 우리는 적극적이고 도전적인 사람을 원한다. 당신의 도전적인 면을 어필할 수 있는 사례를 말해보시오.

- 꼭 입사해야 할 이유가 있는 사람이 있으면 그 이유에 대해서 말해보시오.

- 개인의 이익과 공공의 이익 중 어느 것이 먼저라고 생각하는가?

- 입사 후 본인이 지원한 직무에 배치되지 않는다면 어떻게 할 것인가?

- 업무를 소화하는데 자신의 어떤 점이 가장 도움이 될 것이라 생각하는가?

- 일과 삶을 100분위로 나눈다면 각각 어떤 비중을 차지하는지, 그리고 그 이유는?

- 다음의 메시지 중 어떤 메시지에 먼저 대답할 것인가? 어떠한 방식으로 일을 처리해야 가장 효율적일까?
  (보기 : 팀장에게 온 메일, 고객으로부터 온 항의 및 문의 메일, 기자로부터 온 취재 요청 전화)

- 청년실업 43만 시대에 경쟁률을 뚫고 힘들게 입사한 사원들이 1년 이내에 이직하는 원인과 회사에서 이 문제를 해결하기 위해 할 수 있는 구체적인 방안을 말해보시오.

- 타 기업과 비교하여 인천교통공사의 바람직한 기업문화와 복지정책은 무엇이라 생각하는가?

- 인천교통공사의 기업 광고를 본 적 있는가? 이에 대한 자신의 감상 및 의견은?

- 교통수단 중 평소 자신이 사용하고 있는 교통수단의 장·단점에 대해 설명해보시오.

- 상사가 많은 일을 시킬 때 어떻게 할 것인가?

- 공사의 추진사업에 대해 말해보시오.

- 인천지하철 1호선 역의 개수는?

- 인천교통공사의 캐릭터에 대해 말해보시오.

- 봉사활동의 경험이 있습니까? 있다면 구체적인 사례를 들어 말해보시오.

- 본인이 지원한 직무에서 고객은 누구라고 생각하며 고객만족을 위해서 어떤 서비스를 제공할 수 있는지 자신의 과거 경험을 바탕으로 설명해 보시오.

당신의 꿈은 뭔가요?

MY BUCKET LIST !

꿈은 목표를 향해 가는 길에 필요한 휴식과 같아요.

여기에 당신의 소중한 위시리스트를 적어보세요. 하나하나 적다보면 어느새 기분도

좋아지고 다시 달리는 힘을 얻게 될 거예요.

- ☐ _____
- ☐ _____
- ☐ _____
- ☐ _____
- ☐ _____
- ☐ _____
- ☐ _____
- ☐ _____
- ☐ _____
- ☐ _____
- ☐ _____
- ☐ _____
- ☐ _____
- ☐ _____
- ☐ _____
- ☐ _____
- ☐ _____
- ☐ _____
- ☐ _____
- ☐ _____
- ☐ _____
- ☐ _____
- ☐ _____
- ☐ _____
- ☐ _____
- ☐ _____
- ☐ _____
- ☐ _____
- ☐ _____
- ☐ _____

창의적인 사람이 되기 위해서

정보가 넘치는 요즘, 모두들 창의적인 사람을 찾죠.
정보의 더미에서 평범한 것을 비범하게 만드는 마법의 손이 필요합니다.
어떻게 해야 마법의 손과 같은 '창의성'을 가질 수 있을까요. 여러분께만 알려 드릴게요!

01. 생각나는 모든 것을 적어 보세요.

아이디어는 단번에 솟아나는 것이 아니죠. 원하는 것이나, 새로 알게 된 레시피나, 뭐든 좋아요.
떠오르는 생각을 모두 적어 보세요.

02. '잘하고 싶어!'가 아니라 '잘하고 있다!'라고 생각하세요.

누구나 자신을 다그치곤 합니다. 잘해야 해. 잘하고 싶어.
그럴 때는 고개를 세 번 젓고 나서 외치세요. '나, 잘하고 있다!'

03. 새로운 것을 시도해 보세요.

신선한 아이디어는 새로운 곳에서 떠오르죠. 처음 가는 장소, 다양한 장르에 음악, 나와 다른 분야의 사람.
익숙하지 않은 신선한 것들을 찾아서 탐험해 보세요.

04. 남들에게 보여 주세요.

독특한 아이디어라도 혼자 가지고 있다면 키워 내기 어렵죠.
최대한 많은 사람들과 함께 정보를 나누며 아이디어를 발전시키세요.

05. 잠시만 쉬세요.

생각을 계속 하다보면 한쪽으로 치우치기 쉬워요. 25분 생각했다면 5분은 쉬어 주세요.
휴식도 창의성을 키워 주는 중요한 요소랍니다.